MW00715028

HENRI MICHAUX

Ailleurs

Voyage en Grande Garabagne
Au pays de la Magie
Ici, Poddema

*Nouvelle édition
revue et corrigée*

GALLIMARD

Préface

L'auteur a vécu très souvent ailleurs : deux ans en Garabagne, à peu près autant au pays de la Magie, un peu moins à Poddema. Ou beaucoup plus. Les dates précises manquent.

Ces pays ne lui ont pas toujours plu excessivement. Par endroits, il a failli s'y apprivoiser. Pas vraiment. Les pays, on ne saurait assez s'en méfier.

Il est revenu chez lui après chaque voyage. Il n'a pas une résistance indéfinie.

Certains lecteurs ont trouvé ces pays un peu étranges. Cela ne durera pas. Cette impression passe déjà.

Il traduit aussi le Monde, celui qui voulait s'en échapper. Qui pourrait échapper? Le vase est clos.

Ces pays, on le constatera, sont en somme parfaitement naturels. On les retrouvera partout bientôt .. Naturels comme les plantes, les insectes, naturels comme la faim, l'habitude, l'âge, l'usage, les usages, la présence de l'inconnu tout près du connu. Derrière ce qui est, ce qui a failli être, ce qui tendait à être, menaçait d'être, et qui entre des millions de « possibles » commençait à être, mais n'a pu parfaire son installation...

H. M.

Voyage
en Grande Garabagne

CHEZ LES HACS

Comme j'entrais dans ce village, je fus conduit par un bruit étrange vers une place pleine de monde au milieu de laquelle, sur une estrade, deux hommes presque nus, chaussés de lourds sabots de bois, solidement fixés, se battaient à mort.

Quoique loin d'assister pour la première fois à un spectacle sauvage, un malaise me prenait à entendre certains coups de sabots au corps, si sourds, si souterrains.

Le public ne parlait pas, ne criait pas, mais uhuhait. Râles de passions complexes, ces plaintes inhumaines s'élevaient comme d'immenses tentures autour de ce combat bien « vache », où un homme allait mourir sans aucune grandeur.

Et ce qui arrive toujours arriva : un sabot dur et bête frappant une tête. Les nobles traits, comme sont même les plus ignobles, les traits de cette face étaient piétinés comme betterave sans importance. La langue à paroles tombe, tandis que le cerveau à l'intérieur ne mijote plus une pensée, et le cœur, faible marteau, à son tour reçoit des coups, mais quels coups!

Allons, il est bien mort à présent! A l'autre donc la bourse et le contentement.

« Alors, me demanda mon voisin, que pensez-vous de cela?

— Et vous? dis-je, car il faut être prudent en ces pays.

— Eh bien! reprit-il, c'est un spectacle, un spectacle parmi d'autres. Dans la tradition, il porte le numéro 24. »

Et sur ces paroles, il me salua cordialement.

*

On me conseilla d'aller dans la province de Van. Là se pratique une lutte dont toutes les autres sont sorties. Elle porte, parmi les spectacles, le numéro 3, et les hommes se battent dans un marais.

Ce combat a lieu ordinairement entre proches parents, afin que la combativité soit plus grande.

On devine tout de suite quels sont les combats les plus appréciés. La différence d'âge d'une génération à l'autre ne compte pas, pourvu que les forces physiques soient équilibrées.

A ces spectacles, à peine si on chuchote. La boue gluante est la seule animatrice du combat, impartiale, mais perfide, tantôt exagérant jus-

qu'au tonnerre une simple claque, tantôt déro-
bant presque entièrement un coup tragique au
bas-ventre, basse, rampante, toujours ouverte
à l'homme qui s'abandonne. Les buffles luisants
aux membres d'homme, la tête ruisselante de
boue, soufflent, luttent, à moitié asphyxiés,
aveuglés, assourdis par cette boue traîtresse
qui entre partout et reste et obstrue.

*

Je vis le combat de deux frères. Depuis
quatre ans, ils s'évitaient, développant leurs
forces, se perfectionnant. Ils se rencontrèrent
sans comprendre, eût-on dit. Ils se mirent à
se palper en rêvant, tout en se salissant avec
la boue, comme pour rendre méconnaissables
les traits de famille qu'ils allaient bafouer, ô
combien!

La vieille haine venue de l'enfance remontait
en eux petit à petit, tandis qu'ils passaient l'un
sur l'autre la lèpre gluante de la terre et le danger
montait au nez, aux yeux, aux oreilles, sombre
avertissement. Et tout d'un coup ce furent deux
démons. Mais il n'y eut qu'une prise. Emporté par
l'élan, l'aîné tomba avec l'autre dans la boue.
Quelle frénésie en dessous! Immenses secondes! Ni
l'un ni l'autre ne se releva. Le dos de l'aîné appa-
rut un instant, mais sa tête ne put se détourner
du marécage et s'y renfonça irrésistiblement.

*

C'est dans la nuit, par un léger clair de lune, que le combat est réputé le plus intéressant. La pâle lumière de la lune lui donne une prodigieuse allure, et l'expression et la fureur des combattants devient tout autre; l'obscurité les décuple, surtout si ce sont des femmes qui combattent, la contrainte et le respect humain disparaissant pour elles avec la lumière.

Alors que dans la journée, la fureur elle-même ruse et se dissimule, jamais démoniaque, la nuit au contraire, elle congestionne ou blêmit le visage aussitôt, s'y colle en une expression infernale. Il est dommage qu'on ne puisse saisir cette expression que dans une demi-obscurité. Néanmoins, ce moment d'envahissement du visage est un spectacle inoubliable. Si furieux que soit le combat, il ne fait que développer cette première expression. (La nuit aussi est bonne pour cette raison qu'on y est plus recueilli, livré à sa seule passion.) Ces grimaces hideuses vous mordent, expressions qui peuvent ne pas apparaître en toute une vie, et qui apparaissent ici à coup sûr, attirées par la nuit et les circonstances ignobles. Les spectateurs de la haute société Hac ne manquent jamais de vous expliquer que ce n'est pas le combat qui les attire, mais les révélations qui sortent du visage. Il

faut, bien entendu, que ce soit des proches
parents qui luttent, ou au moins des ennemis
invétérés.

*

Je connais des villes où l'on n'est jamais tran-
quille, tant y domine le goût de certains spec-
tacles. Et les jeunes gens n'ont pas la mesure
des vieux.

Il est facile d'introduire dans une ville
quelques bêtes sauvages (il y en a assez dans
les environs). Tout à coup, d'un encombrement
de voitures, sortent trois ou quatre panthères
noires qui, quoique affolées, savent porter des
blessures atroces. C'est le spectacle numéro 72.
Oh! bien sûr! ceux qui ont organisé ce divertis-
sement l'ont fait sans malice. Mais quand vous
vous trouvez dans cette rue, mieux vaut ne pas
trop admirer le spectacle; il faut faire vite, car
la panthère noire se décide encore bien plus
vite, terriblement vite, et il n'est pas rare
qu'une femme ou un enfant succombe à des
blessures horribles.

Sans doute les autorités tâchent de réprimer
ces distractions, mais débonnairement. « La
jeunesse fait des expériences un peu brutales,
disent-elles, mais le bon esprit y est. D'ailleurs
ce spectacle paie l'amende. »

L'amende est de 25 baches à payer par chaque

organisateur. (Tous les spectacles au-dessus du numéro 60 paient l'amende.)

*

Comme je portais plainte pour un vol commis chez moi, je ne sais comment, en plein jour, à côté du bureau où je me trouvais (toute l'argenterie emportée, sauf un plat), le commissaire me dit : « Je ferai le nécessaire. Mais, s'il reste un plat, ce n'est sûrement pas un vol, c'est le spectacle numéro 65. Sur l'amende vous toucherez, comme victime, 50 baches. »

Et quelques instants après, un jeune fat, comme il y en a dans toutes les nations, entra et dit : « La voilà votre argenterie, comme si c'était à lui d'être vexé. — Pas bien malin tout ça, fis-je avec mépris, qu'est-ce que ça vous a rapporté?

— 280 baches, répondit-il triomphant, tous les balcons des voisins étaient loués. »

Et il faut encore que je rapporte chez moi, à mes frais, mon argenterie.

*

Ils ont aussi des « Entreprises générales d'Incendies ». Des grandes, et de plus petites, reposant sur les épaules d'un garçon.

Vous en voyez, en observant bien, qui se

glissent à la dérobée, avec des paniers à incendie dans les quartiers aux riches demeures.

Eh! Eh! Il faudra bien s'arranger avec ces jeunes, avant que le feu ne prenne des proportions qui attireront la foule avide d'émotion, et qui ne fera pas un mouvement pour la maison.

Pour sûr, non. La foule y est folle d'incendies.

*

Leur spécialité, ce sont les combats d'animaux. Tout animal qui a la moindre disposition au combat (et qui n'en a?), ils le mettent en observation, surveillent et expérimentent ses antipathies pour les centaines d'autres espèces qu'ils ont encagées à cette fin, jusqu'à ce qu'ils aient obtenu des réactions certaines et fixes.

Ils savent qu'il suffit de modifier un tout petit peu le terrain pour qu'un animal exemplairement sage devienne un furieux intenable, et, par un régime approprié, ils arrivent à galvaniser l'âme la plus molle et la plus gélatineuse. Si leur pharmacie est si vaste, efficace et vraiment unique au monde, c'est à l'expérience acquise en ces préparatifs de combat qu'ils la doivent. J'y ai vu des chenilles féroces et des canaris-démons, crève-yeux et crève-tympans, dont on s'enfuyait épouvanté. (Ils usent aussi, comme on pense bien, d'armes et de harnachements de toute sorte qui rendent redoutables ceux que la nature avait laissés les plus nus.)

*

On rencontre parfois à l'heure de midi, dans une des rues de la capitale, un homme enchaîné, suivi d'une escouade de Gardiens du Roi et qui paraît satisfait. Cet homme est conduit à la mort. Il vient d' « attenter à la vie du roi ». Non qu'il en fût le moins du monde mécontent! Il voulait simplement conquérir le droit d'être exécuté, solennellement, dans une cour du palais, en présence de la garde royale. Le roi, inutile de le dire, n'est pas mis au courant. Il y a longtemps que ces exécutions ne l'intéressent plus. Mais la famille du condamné en tire grand honneur, et le condamné lui-même, après une triste vie, gâchée du reste probablement par sa faute, reçoit enfin une satisfaction.

Tout adulte est autorisé à donner le spectacle numéro 30 qui s'appelle « la mort reçue dans une cour du Palais », si, avec l'intention avouée ensuite spontanément d' « attenter à la vie du roi », il est parvenu à franchir la grande grille, la grille du petit parc, et une porte d'entrée. Ce n'est pas très difficile, comme on voit, et on a voulu de la sorte donner quelques satisfactions à ceux-là précisément qui en avaient tellement manqué.

Les difficultés véritables eussent commencé à la deuxième porte.

*

Les Hacs s'arrangent pour former chaque année quelques enfants martyrs auxquels ils font subir de mauvais traitements et d'évidentes injustices, inventant à tout des raisons et des complications décevantes, faites de mensonge, dans une atmosphère de terreur et de mystère.

Sont préposés à cet emploi des hommes au cœur dur, des brutes, dirigées par des chefs cruels et habiles.

De la sorte, ils ont formé de grands artistes, des poètes, mais aussi des assassins, des anarchistes (on a toujours des déboires), et surtout des réformateurs, des jusqu'au-boutistes inouïs.

Les mœurs et le régime social, quand un changement y fut apporté, c'est à eux qu'on l'a dû; si, malgré leur petite armée, les Hacs n'ont rien à craindre, c'est encore à eux qu'ils le doivent; si dans leur langue si nette, des éclairs de colère ont été fixés, auprès desquels les astuces mielleuses des écrivains étrangers paraissent insipides, c'est encore à eux qu'ils le doivent, à quelques gosses en loques, misérables et désespérés.

Il y a d'ailleurs, en permanence, contre ceux qui tournent à l'homme célèbre, la Société pour la *persécution des artistes*.

*

Ce jour-là, ils noyèrent le chef de cabinet
et trois ministres. La populace était déchaînée.
La famine de tout un hiver les avait poussés
à bout. Je craignis un moment qu'ils n'en
vinssent à piller notre quartier qui est le plus
riche. « Non, non, me dit-on. N'ayez aucune
peur à ce sujet. C'est visiblement le spectacle
numéro 90 avec ses annexes naturelles le 82
et le 84, et les spectacles généraux. Mais pour
être plus sûr, on va demander. »

L'un consulte son père, l'autre sa grand'mère
ou un fonctionnaire de première classe. C'était
bien ça. « Cependant mieux valait ne pas sortir,
me dit-on, sauf avec quelques solides molosses,
à cause des lâchers d'ours et de loups, vers les
quatre heures, qui font partie du numéro 76. » La
semaine suivante, comme la situation empirait
et qu'on ne faisait toujours rien contre la
famine, je jugeai qu'on risquait de voir pro-
chainement quelques spectacles dans les 80. Mes
amis ne firent qu'en rire. Mais mon malaise
fut le plus fort, et je quittai, peut-être pour
toujours, le pays des Hacs.

LES ÉMANGLONS

MŒURS ET COUTUMES

Quand un Émanglon respire mal, ils préfèrent ne plus le voir vivre. Car ils estiment qu'il ne peut plus atteindre la vraie joie, quelque effort qu'il y apporte. Le malade ne peut, par le fait de la sympathie naturelle aux hommes, qu'apporter du trouble dans la respiration d'une ville entière.

Donc, mais tout à fait sans se fâcher, on l'étouffe.

A la campagne, on est assez fruste, on s'entend à quelques-uns, et un soir on va chez lui et on l'étouffe.

Ils pénètrent dans la cabane en criant : « Amis ! » Ils avancent, serrés les uns contre les autres, les mains tendues. C'est vite fait. Le malade n'a pas le temps d'être vraiment étonné que déjà il est étranglé par des mains fortes et décidées, des mains d'hommes de devoir. Puis, ils s'en vont placidement et disent à qui ils rencontrent :

« Vous savez, un tel qui avait le souffle si

chaotique, eh bien! soudain, il l'a perdu devant nous.

— Ah! » fait-on, et le village retrouve sa paix et sa tranquillité.

Mais dans les villes, il y a pour l'étouffement une cérémonie, d'ailleurs simple, comme il convient.

Pour étouffer, on choisit une belle jeune fille vierge.

Grand instant pour elle que d'être appelée ainsi au pont entre vie et mort! La douceur avec laquelle ces souffrants trépassent est comptée en faveur de la jeune fille. Car avoir fait qu'un malade s'éteigne doucement entre des mains agréables est, disent-ils, excellent présage de dévouement aux enfants, de charité aux pauvres, et pour les biens, de gestion sûre. Elle trouve aussitôt bien plus de maris qu'il ne lui en faut, et il lui est permis de choisir elle-même.

La difficulté est d'être douce à la fois et de serrer fort.

Une coquette ne réussira pas, une brutale non plus. Il y faut des qualités de fond, une nature vraiment féminine.

Mais quel bonheur quand on a réussi, et comme on comprend les larmes de joie de la jeune fille cependant que l'assistance la félicite avec émotion!

*

Là où vient tout proche le murmure d'un ruisseau et le scintillement de la lumière sur les vaguelettes et les rides de l'eau, attendez-vous à trouver aussi quelques Émanglons.

Les Émanglons se sentent incessamment égratignés par le murmure des petits bonds de l'eau des ruisseaux, égratignés et tout de suite après pansés.

Aussi, est-ce près des eaux courantes qu'on les voit le plus à leur avantage. Comme des convalescents, encore un peu souffrants, mais en très bonne voie de guérison, ils sont alors ouverts à autrui, et il n'est pas impossible que, si le ruisseau est très sauteur et cascadant, énervant à souhait, quoique simple et maintenu dans son petit cadre, il n'est pas impossible qu'ils s'occupent de vous et vous adressent gentiment la parole.

On sent alors le plaisir émaner d'eux. Mais comme ils ne sont pas habitués à s'exprimer, surtout avec les étrangers, il vient d'eux, avec peu de paroles, un plus abondant gloussement, plein d'excellents sentiments à n'en pas douter.

*

Le travail est mal vu des Émanglons, et, prolongé, il entraîne souvent chez eux des accidents.

Après quelques jours de labeur soutenu, il arrive qu'un Émanglon ne puisse plus dormir.

On le fait coucher la tête en bas, on le serre dans un sac, rien n'y fait. Cet homme est épuisé. Il n'a même plus la force de dormir. Car dormir est une réaction. Il faut encore être capable de cet effort, et cela en pleine fatigue. Ce pauvre Émanglon donc dépérit. Comment ne pas dépérir, insomnieux, au milieu de gens qui dorment tout leur saoul? Mais quelques-uns, en vivant au bord d'un lac, se reposent tant bien que mal à la vue des eaux et des dessins sans raison que forme la lumière de la lune, et arrivent à vivre quelques mois, quoique mortellement entraînés par la nostalgie du plein sommeil.

Ils sont faciles à reconnaître à leurs regards vagues à la fois et insistants, regards qui absorbent le jour et la nuit.

Imprudents qui ont voulu travailler! Maintenant il est trop tard.

*

Le sommeil a d'ailleurs toujours été pour les Émanglons le problème numéro 1.

Aussi ont-ils approprié de façon incroyable à la variété de leurs humeurs les positions qui engagent au sommeil.

Les pauvres eux-mêmes ne se contentent pas de deux ou trois lits de différents modèles. Il faut encore qu'ils puissent s'installer en l'air dans un fouillis de draps et de lanières.

Les riches ont un choix plus grand.

Enroulés autour d'un tambour auquel un serviteur imprime un lent mouvement rotatif, cousus dans un matelas (la tête seule émerge) cependant qu'on leur tape dessus avec des lattes (car ils sont un peu lymphatiques), étendus dans un bain de boue chaude, ils jouissent d'une infinité de commodités.

Quel que soit le mode employé, on en revient à ceci : il faut que le candidat au sommeil sente qu'il est inutile de lutter, qu'il est battu d'avance.

C'est le matin après le sommeil épais et lourd de la nuit, que l'expression du visage de l'Émanglon est la plus étrange, et comme hors de l'humanité; avec ce regard sombre et parlant, quoique pour ne rien dire d'intelligible, qu'ont parfois de vieux chiens malades et rhumatisants près d'un maître méchant mais auquel ils sont attachés.

*

Quand l'Émanglon voyage de jour, c'est enfermé comme un colis. Il hait le soleil (sauf dans la forêt où il est en miettes) et l'idée de lui rendre un culte ne serait jamais venue à un Émanglon. D'ailleurs, ils se sent observé dans

la lumière mauvaise du soleil. Et il déteste être
observé.

Ils sortent volontiers la nuit, avec des por-
teurs de lanternes aux multiples couleurs et se
répandent dans les bois, silencieux, mais jouis-
sant du spectacle comme on ne saurait croire.

Les plus habiles grimpent aux branches pour
y accrocher des lumières à différentes hauteurs.
Plusieurs s'installent dans les branches où ils
connaissent un intense ravissement et on est
parfois obligé de les ramener chez eux, ina-
nimés et absents d'eux-mêmes.

*

Une odeur, un parfum complexe occupe tou-
jours la demeure d'un Émanglon.

S'il est fruste et vulgaire, c'est la fumée de
bois qui la donne avec un peu d'herbes sèches,
bien dense, et dont il se saoule.

Vulgarité! Le but est autre : par des par-
fums diversifiés, infimes et forts, obtenir des
horizons, des voyages, un ruisseau petit comme
un ver, la forêt en automne, la mer iodée et
tumultueuse, les ports où les navires attendent
dans une apparente torpeur.

C'est l'art de la maîtresse de maison d'y
arriver. Et elle y arrive; la renommée de l'Éman-
glonne, à cet égard, est considérable en Grande
Garabagne.

*

L'Émanglon, vous avez pu le deviner, n'a pas un caractère à aimer être dérangé.

Au-dessus de la porte d'entrée de sa maison est gravée en relief dans la pierre ou le bois une grosse tête d'homme. Cette figure exprime une tranquillité en route vers la colère. Attachées à un court gilet, pendent devant la porte, et jusqu'au sol, deux jambes de pantalon. Grâce à cette disposition, le visiteur qui entre écarte les jambes du pantalon.

Voilà qui est grossier!

Ainsi donc, le propriétaire a déjà réussi à vous mettre en défaut AVANT d'entrer. Il est l'offensé, qui peut se venger quand il lui plaira.

Ce qui fait bien réfléchir et hésiter à rendre des visites non indispensables.

Par contre, reçu chez un très grand ami, c'est celui-ci en personne qui écarte pour vous le pantalon d'entrée. Hommage extrêmement délicat de la part du propriétaire, comme s'il disait : « C'est moi l'intrus. Excusez ma présence chez vous. »

Néanmoins, de toute façon, il vaut mieux ne pas rester longtemps en visite.

*

Les Émanglons ne tolèrent pas les célibataires. Pas deux semaines ils ne vous laisseront

seul. Non, il faut que vous vous décidiez tout
de suite à prendre femme. « Car, disent-ils, un
célibataire, il faut toujours s'en méfier. Un jour,
il tuera, violera une fillette, à qui cela fera
grand mal, voudra fonder une nouvelle religion,
deviendra excessivement honnête et logique, et
il n'y aura plus aucun plaisir à vivre avec lui. »
Les voisins se sentent gênés, hésitent à prendre
avec leurs femmes les positions les plus natu-
relles. Enfin, la situation devient intenable.
Donc, ils sortent à trois ou quatre, guettent
l'homme chaste et l'abattent froidement, et peut-
être même haineusement.

Car les hommes atteints dans leur virilité sont
volontiers pris de frénésie.

Dès qu'ils voient de ces mines tendues, et
enflammées, de ces regards portés à l'intran-
sigeance, ils les surveillent.

Aussi, seuls quelques criminels endurcis osent
parler continence et religion, mais à l'écart tou-
jours et à mots couverts. Arrêtés, ils prétendent
avoir été mal compris, que jamais il ne fut
question de chasteté, mais au contraire d'une
immense partouse. Alors on les relâche, « mais
tout de même parlez plus clairement, leur dit-
on, ces méprises pourraient vous coûter cher ».

*

Chez les Émanglons, du moins dans la prin-
cipauté d'Aples, le malade (chronique, s'en-

tend) occupe une place spéciale. C'est un coupable ou un imbécile. On recherche toujours si c'est l'un ou l'autre. Car ils considèrent qu'un homme intelligent agissant selon l'intuition qu'il a de soi ne peut tomber malade.

Pourtant les malades ne sont pas mal vus, sauf s'ils toussent. Selon eux, malade on retombe à sa vraie base, la santé étant plutôt semblable à la surface de la mer, la place y est meilleure mais le trouble plus grand.

Les malades ayant la réputation d'être de bon conseil, tous les ministres sont des malades et même des malades accablés. Ils ont à leur solde des commis dévoués qu'ils envoient de-ci de-là et sur le rapport desquels ils commandent et gouvernent.

Certains décident des navires et des choses de la mer, sans avoir jamais pu se transporter jusque-là, encore qu'on les transporte volontiers, à moins qu'ils ne soient fiévreux. Mais dans ce cas il est rare qu'ils soient ministres, seulement conseillers, mais de première importance, dans les circonstances graves et de qui aucun ministre même fort malade n'oserait se passer. « Des malades vient la sagesse, des fiévreux la lumière », aphorisme auquel ils ne doivent pas manquer de se soumettre.

*

Les Émanglons de la presqu'île d'Avord ont bien des ennuis à cause de leurs maisons. Ils ne le montrent pas, car ils sont très fiers. Mais ils vivent dans l'inquiétude que leur maison ne leur tombe dessus. Ils passent continuellement la main dans leur chevelure, comme si elle était déjà pleine de gravats et des débris vermoulus du toit.

C'est un ver qui ronge le bois de leurs maisons et qui vient, porté par le brouillard.

Dès que la brèche est faite (est-ce pour ça aussi qu'ils ont si peur des fenêtres?) une maison entière est consommée en quelques jours.

Une nuit de brouillard suffit à l'invasion.

*

LA LÈPRE CORNÉE DES ÉMANGLONS

Ils commencent par présenter de petits points noirs au bout de la langue, qui durcissent tellement que l'homme peut déchirer de la viande avec. Mais il n'en a guère l'envie. Et ses ongles tombent. Des points noirs sous les ongles d'abord, puis les ongles tombent. Et les cheveux tombent. Les points noirs étaient déjà tout formés en dessous, il les sentait bien, car il avait l'impression de reposer, la tête dans une casserole, mais il ne disait rien, espoir tenace qu'on garde longtemps. Cependant, la maladie inexorable avance. Les pieds, les genoux, les jambes, les bras, le bas-ventre, le front, tout l'homme est encerclé. Seul le dos reste intact. Il y a une période d'arrêt de huit à dix jours. Puis les points convergent, vers le cou, qui cependant reste intact. Mais la peau du malade ne transpire plus, ne respire plus, l'asphyxie le prend, sans qu'aucun organe ne se soit plaint. Le malade meurt doucement avec une expression caractéristique qui suffirait à faire connaître la cause du décès en dehors de très nombreux points noirs, véritable cuirasse. Le malade a une expression d'étonnement presque ravi, comme s'il allait dire : « Pas vrai! Pas possible! »

Dans cette maladie on n'intervient ni pour retarder son développement, ni pour y mettre fin par l'étouffement du malade. Non! Jamais! Elle est même considérée comme la fin type de l'Émanglon.

*

LES ÉCARASSINS

Les Écarassins dodus sont la nourriture préférée des Émanglons. Or cet animal ne se trouve que chez les Birques et les Udes, qui n'en font aucun cas, car il n'a que peu de goût et peu de maigre.

Mais pour obtenir en échange des étoffes (ces étoffes lourdes et richement teintes comme seuls les Émanglons savent en préparer), ils se

donnent grand mal à chasser et à prendre vivant
cet animal rare, terne et méfiant, qui habite les
marais et les eaux limoneuses, — quoique bon
nageur dans l'eau pure, où il est aussi agile
que la loutre avec laquelle il présente bien de
la ressemblance. Son aspect extérieur donc :
un peu comme la loutre, mais le corps plus
tassé, et les yeux munis de trois paupières. Sa
nourriture : grenouilles, crapauds, anguilles et
œufs de toute sorte, de poules, de serpents, de
tortues. Il sort la nuit.

Dans un bon marais, l'écarassin est dodu à
deux ans. Les Émanglons le cuisent dans une
grande cuve d'eau limoneuse, mais aromatisée.
La cuisson dure toute une matinée. L'animal
se plaint plus d'une demi-heure dans la cha-
leur montante, puis il n'y est plus, ne laissant
dans la cuve que son corps bon à manger.

*

Sans motifs apparents, tout à coup un Éman-
glon se met à pleurer, soit qu'il voie trembler
une feuille ou tomber une poussière, ou une
feuille en sa mémoire tomber, frôlant d'autres
souvenirs divers, lointains, soit encore que son
destin d'homme, en lui apparaissant, le fasse
souffrir.

Personne ne demande d'explications. On
comprend et par sympathie on se détourne de
lui pour qu'il soit à son aise.

Mais, saisis souvent par une sorte de décristallisation collective, des groupes d'Émanglons, si la chose se passe au café, se mettent à pleurer silencieusement, les larmes brouillent les regards, la salle et les tables disparaissent à leur vue. Les conversations restent suspendues sans personne pour les mener à terme. Une espèce de dégel intérieur, accompagné de frissons, les occupe tous. Mais avec paix. Car ce qu'ils sentent est un effritement général du monde sans limites, et non de leur simple personne ou de leur passé, et contre quoi rien, rien ne se peut faire.

On entre, il est bon qu'on entre ainsi parfois dans le Grand Courant, le Courant vaste et désolant.

Tels sont les Émanglons, sans antennes, mais au fond mouvant.

Puis, la chose passée, ils reprennent, quoique mollement, leurs conversations, et sans jamais une allusion à l'envahissement subi.

*

La musique y est discrète. Les musiciens davantage. Ils ne se laissent pas voir dans le moment qu'ils en font.

Un jour l'un d'eux, qui jouait dans le salon, s'imaginant que je l'observais, manqua de s'étouffer de honte; or, je ne l'avais même pas entendu tant il jouait doucement.

Leur musique en sons mourants semble toujours venir à travers un matelas. C'est ce qu'ils aiment : des souffles ténus, partis on ne sait d'où, à chaque instant effacés, des mélodies tremblantes et incertaines, mais qui s'achèvent en grandes surfaces harmoniques, larges nappes soudain déployées.

Ils aiment davantage encore l'impression que la musique se déplace (comme si les musiciens contournaient une montagne, ou suivaient une ruelle sinueuse), se déplace et vient à eux comme au hasard des échos et des vents.

*

Au théâtre s'accuse leur goût pour le lointain. La salle est longue, la scène profonde.

Les images, les formes des personnages y apparaissent, grâce à un jeu de glaces (les acteurs jouent dans une autre salle), y apparaissent plus réels que s'ils étaient présents, plus concentrés, épurés, définitifs, défaits de ce halo que donne toujours la présence réelle face à face.

Des paroles, venues du plafond, sont prononcées en leur nom.

L'impression de fatalité, sans l'ombre de pathos, est extraordinaire.

*

Ils n'aiment pas les fenêtres et préfèrent à
y voir clair, se sentir chez eux, mais, comme
ils sont très courtois et qu'ils ne veulent pas
agir autrement que dans les pays où l'on en
use, et puis, que ça ferait nu, morne et hostile,
attirerait l'attention et les mauvais sentiments,
alors qu'ils ne sont que paix et placidité, ils
ont des maisons avec des fenêtres, même avec
beaucoup de fenêtres, mais toutes fausses, et pas
une ne pourrait s'ouvrir, même s'il s'agissait
de fuir un incendie; cependant imitées à s'y
méprendre, avec des ombres et des reflets, de
sorte que c'est un plaisir de les regarder, sachant
qu'elles sont fausses, surtout si l'heure et la
force du soleil réunit à peu près les conditions
du trompe-l'œil.

Il y en a même d'entr'ouvertes, perpétuelle-
ment, nuit et jour, et les jours les plus froids,
par temps de brouillard, de pluie, de rafales
de neige, mais ne laissant quand même rien
entrer ni sortir, douloureusement semblables à
la charité de surface des riches.

Une vraie fenêtre, susceptible, un jour, d'être
ouverte, les rend malades; c'est pour eux comme
si déjà on en enjambait l'appui, qu'on entrât,
et la file des intrus qu'on ne peut repousser
s'allonge à leurs yeux.

Comme beaucoup de gens placides, quand on
les atteint, deviennent haineux et mauvais, il
faut éviter de leur parler de fenêtres et ne
jamais en inviter un chez vous, si vous en avez
une de percée, quand bien même elle serait
fermée, barricadée, hors d'usage, ou dans une
pièce de débarras. Jamais il ne vous le par-
donnerait.

*

Un de leurs jeux est particulièrement délicat.
Il s'agit de lancer en l'air un petit pois en pierre,
et de le faire rebondir sur la pointe d'aiguilles
fichées dans une planche à environ trente centi-
mètres de distance. La finesse de ces pointes est
telle qu'on a de la peine à se figurer qu'une
d'elles puisse soutenir assez la petite bille pour
la relancer dans une direction donnée plutôt que
dans cent autres. La première année que j'habi-
tais chez les Émanglons, je ne pus réussir à faire
rebondir la bille deux fois de suite. Je ne croyais
même pas la chose possible. Mais un jour un
homme réussit devant moi à faire les sept
aiguilles. Il prétendit avoir un jour été jusqu'à
neuf. Cette fois-ci, en tout cas, sa bille parut
hésiter au sommet de la septième aiguille, mais
exténuée, sans rebondir, elle se laissa glisser et
retomba sur la planche.
Au début, les Émanglons vous invitent à

jouer; mais courtoisement, pour ne pas vous
humilier, ils ne jouent pas, si bien que vous
finissez par croire que tout ça n'est qu'une
plaisanterie. Mais non, et ils sont bien gênés
pour vous, ils ne comprennent pas votre mala-
dresse; ils perdent confiance en vous quand ils
vous voient ainsi...

*

Comme les Émanglons répugnent à se mettre
en avant, à faire des gestes et de longs discours,
leurs chefs ne siègent et ne discourent que
derrière la statue (en bois léger, et transpor-
table) d'un de leurs grands hommes du passé,
aux principes desquels ils prétendent adhérer.

Si j'ai bien compris leur éloquence, le prin-
cipal, c'est de savoir placer sa statue au bon
moment, de façon inattendue, dramatique, ou
de la pousser petit à petit en la dissimulant,
jusqu'au moment où on la découvre. Il faut
s'entendre à la planter violemment face à
autrui, de façon choquante, à la faire pivoter
brillamment et se dandiner insolemment devant
un autre grand homme jugé méprisable, enfin
savoir prendre congé avec hauteur et menaces,
en un mot avec justesse. Tels sont quelques
traits de l'éloquence des Émanglons.

Le danger qu'il y a à laisser sa statue seule,
c'est que, quoique personne ne soit en droit

de la déplacer en votre absence, les autres
statues peuvent l'encercler, lui enlever toute
possibilité de manifestation et même la laisser
en vedette auprès d'un traître, lui faire dire
tout le contraire de son programme, la dési-
gner comme l'image même du compromis.

C'est pourquoi cette éloquence, qui semble
née d'une grande paresse, demande en fait
une grande vigilance, et un sens de l'à-propos
très subtil.

La voix ne sert qu'à fournir quelques points
de repère à la discussion. Les véritables ora-
teurs ne parlent pas deux heures en une année.
Mais tout le monde se rappelle leurs grands
effets de statues, à des moments pathétiques.

Voilà ce qui plaît aux Émanglons.

*

Le malade qui n'a pas la respiration chao-
tique est soigné, et j'en ai vu de guéris, que
j'avais trouvés bien bas.

D'abord ils lui appliquent sur la tête un
formidable coup de bâton qui l'assomme. (Il
faut qu'un homme reste en dehors de sa mala-
die.) Ensuite vient le traitement. Il y a dans
leur pharmacie des décoctions de quantités de
plantes. Bien sûr! Comme partout. Mais, ça
ne compte guère.

Avant tout, ils s'en remettent à un chien

du soin de le guérir. Dès qu'on est parvenu à enfermer un chien dans la chambre du malade, on se disperse heureux. Celui-ci est, si je puis dire, en bonnes mains. En une seule nuit, parfois, il se trouve guéri. C'est un fait, cette présence lui procure un repos salutaire.

Si le chien ne consent pas à rester couché sur le lit : mauvais signe, sans qu'il faille absolument désespérer. Il est normal que la maladie commence par triompher. Mais si la deuxième et la troisième nuit la bête cherche à sortir, à creuser sous la porte, c'est fini, le malade est perdu; autant lui fermer la bouche tout de suite.

Si le chien n'aboie pas et reste tranquille, le malade ne court aucun danger, quand même il ne serait plus que l'ombre de lui-même. *Jamais un homme n'est mort près d'un chien endormi.* Le chien se réveille toujours à temps pour hurler. Le hurlement est naturellement significatif. Dès qu'on l'a entendu, on peut fermer la bouche au malade. C'est même un devoir.

On fait vite appeler une jeune fille, et même si c'est la nuit et en plein orage, il faut qu'elle vienne en ses beaux habits et le visage peint aux couleurs de la santé et du bonheur. C'est à elle d'agir maintenant. Les médecins referment leurs flacons et sortent avec le chien.

*

Si, tandis qu'un Émanglon fête chez lui
quelqu'un, une mouche entre dans la pièce
où ils se trouvent, l'invité, fût-il son meilleur
ami, se lèvera et se retirera aussitôt sans dire
un mot, avec cet air froissé et giflé qui est ini-
mitable. L'autre a compris, même s'il n'a rien
vu. Seule une mouche a pu causer ce désastre.
Ivre de haine, il la cherche. Mais son ami est
déjà loin.

Les Émanglons ne peuvent supporter de
vivre dans la même pièce qu'une mouche.
Cette cohabitation a pour eux quelque chose
de monstrueux. Ils se sentent profondément
blessés, mais surtout diminués, accablés, et on
en a vu qui arrivaient à peine à se traîner
dehors.

La grande perfidie est d'entrer chez celui à
qui on veut du mal, muni d'une mouche dissi-
mulée dans une poche, de la lâcher dans la
salle à manger et de faire ensuite l'homme
qu'on a insulté. Mais l'autre vous surveille,
allez! Il surveille vos poches, votre col, vos
manches, il se doute tout de suite qu'il y a de
la mouche dans cette visite. Aussi faut-il agir
avec prudence. Comme partout ailleurs, il faut
être habile, et, si une chance vous est donnée,
ne pas croire que tout soit fini.

Il arriva pendant le grand discours d'Orname, le ministre, qu'une mouche fut lâchée dans la salle pour le réduire à l'impuissance et troubler l'assemblée. La mouche eut la naïveté de se poser sur son nez. Le grand homme, plein de sang-froid, l'attrapa, la mit dans une boîte et continua son discours.

Il eut l'audace ensuite de faire circuler la mouche, enfermée dans une boîte, parmi les députés pour que son propriétaire pût la reprendre.

Mais tous, en vrais Émanglons, se penchèrent dessus placidement, chacun à son tour, sans se trahir.

*

L'Émanglon est né pêcheur. Des milliers d'Émanglons, dès les cinq heures du soir, devenus pêcheurs à la ligne, occupent les deux rives des quelques rivières de leur pays. Mais les truites passent tranquillement. Rares sont celles qui se laissent prendre à un appât d'Émanglon, rares et presque toujours décevantes de jeunesse.

Cependant les rives, sauf par une pluie battante, ne désemplissent pas de pêcheurs et derrière chacun d'eux de nombreux amateurs tentent d'apprendre comment il faut tirer une truite de son élément naturel. Les deux rives sont peuplées de placidités. Les soirs longs et lents s'écoulent presque religieusement.

Parfois un poisson est pris; au vu de plusieurs; alors les rives s'emplissent de légers chuchotements, d'euphorie et presque de rires étouffés, par quoi s'exprime avec peut-être une pointe de forfanterie la victoire de l'Émanglon sur la truite.

Et la lune éclaire la pêche qui continue.

Les nuits de l'Émangle — ne l'ai-je pas dit déjà? — sont toujours claires, douces et invitantes. On ne sait jamais s'il est vraiment temps d'aller dormir. On reste sur la berge, ne pouvant croire que le poisson dorme par des nuits si claires. En effet, de temps à autre, l'un d'eux, surpris de tant de vie rôdant aux alentours, se réveille brusquement et d'un seul coup de queue vient avec bruit à la surface gober trois ou quatre bulles d'air froid. Et l'espoir tenace des Émanglons d'attraper de la truite les reprend pour une nouvelle tranche de nuit.

Nuits interminables! Une lumière argentée et comme indépendante de sa source semble descendre des coteaux, fluvialement, immensément, paternellement vers la rivière et les pêcheurs. La rivière, elle-même, féminine, adoucit les hommes et les soustrait à eux-mêmes. Enfin, vers une heure du matin, une vraie obscurité s'établit. En quelques minutes, il n'y a plus personne. Chacun est rentré chez soi.

*

Vous voyez parfois, sur le pas de sa porte, un Émanglon éternuer. Une fois, deux fois, trois fois, cent fois, toute une journée. C'est son droit. Bien sûr. Bien sûr...

Ce serait moins son droit de rester à l'intérieur de sa maison — du moins s'il est homme à éternuer des heures entières et des semaines, comme il leur arrive (car ils sont sujets à l'éternuement spasmodique). Non, on ne le supporterait pas. Ce serait trop demander aux nerfs des Émanglons.

C'est ce qu'un éternueur doit comprendre. S'il s'obstine à rester, il ne peut méconnaître les risques de son obstination. Qu'un proche, une sœur, un ami de la maison, pour mettre un terme au supplice qu'endure toute la famille par sa faute, lui défonce le crâne d'un coup de marteau, aucun tribunal ne condamnera la personne qui s'est ainsi dévouée. L'acte était fatal. Elle a pris le marteau comme eût fait le juge lui-même. Personne ne peut la condamner.

Les Émanglons se débarrassent aisément aussi des personnes dures d'oreille, qui les forcent à parler fort, énervement intolérable.

*

La grande offense a toujours été « de rompre le silence ».

La guerre, quand ils la font, c'est avec d'encombrants instruments à soufflets, qu'ils tâchent de porter en pays ennemi, qui émettent une quantité massive de bruits tellement déplaisants que, de vacarme las, les opposants envoient des parlementaires en quête de silence.

Et la paix revient.

Ils lancent aussi des bruits très étudiés, qui engendrent la peur, d'autres qui enlèvent l'envie de combattre.

*

Les Émanglons ont un goût assez inattendu pour de petites danseuses en bois ou en cire.

Ils en ont quantité partout. Or ces danseuses ne sont pas copiées sur les femmes du pays. Jamais Émanglonnes n'eurent robes comme elles, ni allure, ni mouvements. Leur danse est légère et presque lubrique.

Elles seules ont droit à l'impudeur. Leurs attitudes sont variées, quoique avec un air de famille indiscutable.

Il est vraiment curieux qu'ait persisté dans l'esprit des Émanglons une idée de femme si vivante quoique absolument différente des Émanglonnes de n'importe quel âge, jeunes ou vieilles.

*

Un endroit où l'Émanglon bâtit volontiers sa maison est un creux, soit une grande vallée, où quelques centaines de maisons peuvent se trouver réunies, soit une toute petite vallée où il n'y a place que pour une vingtaine de cabanes, soit une crevasse (si elle n'est pas trop humide) où l'on ne peut se mettre que trois ou quatre familles modestes.

Pourtant, si entourée de toutes parts et enfermée que soit sa maison, l'Émanglon la sentirait encore abandonnée comme un véhicule sur la route, s'il ne l'entourait d'un rempart de terre à mortier (sorte de ciment qui se forme très vite, mêlé à de l'eau vinaigrée).

Le tout forme quelque chose comme un chapeau dont les bords seraient très relevés.

Et haro sur les nouveaux venus qui tentent de s'installer dans le voisinage!

*

En Émangle, il y a aussi beaucoup de lacs. Sans les lacs, on ne pourrait comprendre les Émanglons.

Ils se collent à l'eau, des lanières passées sous le ventre, attachées à deux planches, et restent ainsi sans bouger, pendant des heures.

Si une tempête s'élève et que des vagues successives et déferlantes les bousculent et les empêchent de respirer, ils cèdent sans cris, sans appels, lâchent leurs appuis et se laissent couler au fond. Ils ne luttent pas, quand même ils le pourraient.

Un Émanglon qui rentrerait, ruisselant, agité par l'effort et la fièvre, aurait peur du ridicule.

*

Chaque peuple comprend nombre de « tempéraments ». Tous n'y sont pas également bien vus.

Ici l'ambitieux pointu est particulièrement redouté. Haï plus que redouté.

On lui cassera sa pointe.

Surveillance qui doit aller loin. Car on a vu des vieillards de quatre-vingts ans qui tout à coup, mais un tout à coup préparé depuis cinquante ans, sortirent leur pointe. Il fallait être prêt à la leur casser à ces petits vieux qui se l'étaient préparée si opiniâtrément.

*

Quand un criminel est condamné, on le met en prison, une assez petite prison. On se désintéresse de lui, on oublie son nom. Et s'il y a trois fois plus de prisonniers qu'on n'en peut raisonnablement loger : « N'importe, qu'ils se débrouillent entre eux, puisqu'ils ont voulu se passer de nous. »

Voilà pour les criminels, assassins, incendiaires.

Mais les voleurs sont traités à part dans un bâtiment spacieux où ils subissent la haine féroce des Émanglons honnêtes. On ne les laisse pas s'entre-tuer entre eux comme les autres prisonniers. Oh! non. D'abord, il faut qu'ils deviennent fous. Supplices commencés, remis, repris, le jour, la nuit, jusqu'à ce qu'ils deviennent fous.

« Puisqu'il a voulu être plus malin que nous, qu'il apprenne donc combien aisément nous lui empâterons son esprit de ruse, jusqu'à le rendre plus mou et inhabile que celui d'un imbécile nouveau-né. »

Le voleur devenu fou, la justice est satisfaite ou presque et il arrive qu'on le relâche.

*

Les Émanglons quoiqu'ils aiment beaucoup les lumières adoucies ne sont pas à l'aise le soir, même dans les villes.

Ces plaques blafardes qui apparaissent à la fin du jour sur un arbre, une maison, un nuage les fascinent.

De façon générale, dans les campagnes, la

pénombre est redoutée. Le gris, l'entre-chien-et-loup les remplit d'inquiétude. Ils battent du tambour et font parler la poudre, et ne se tranquillisent qu'avec la nuit qui tombe.

Le jour aussi ils restent confiants, mais le soir, chaque soir, les inquiète et les serre à la gorge.

*

Les Émanglons utilisent la ranée comme bête de somme. Elle tient un peu de l'âne, mais une fatigue multiséculaire semble l'accabler. C'est le quadrupède le plus endormi que j'aie jamais vu. Seule un instant, elle s'endort aussitôt.

En pleine marche et traînant une charge de bois, si elle vient à heurter une pierre, elle tombe : elle dormait.

Et quoiqu'elle ne soit pas bien belle de formes, son œil, si pâle et anxieux, fait qu'on ne peut la regarder sans être touché et conduit à une profonde rêverie. Son pelage est doux, sauf quelques poils durs par-ci par-là. Si elle n'est menée aux champs par un homme fort actif, il n'y aura pas dix mètres de sillon parcourus, tant elle sait freiner les bonnes volontés, par son air grave et pacifique, et son penchant à l'immobilité.

Elle emplit la nuit de doux gémissements, qui se mêlent de façon étonnante à la nuit et l'agglutinent.

La ranée est si paresseuse que dans les endroits où il y a beaucoup de rats on ne peut l'utiliser, car, après en avoir chassé quelques-uns, elle se fatigue de les repousser, s'endort et, à demi inconsciente, est dévorée par ces petits animaux féroces, qui savent profiter des faiblesses d'autrui.

Évidemment, elle souffre, la pauvre bête, mais devant tout le travail que ce serait, toute une nuit, de se débarrasser de tant d'ennemis, elle hésite et se recouche, le ventre ouvert, en gémissant doucement à ses dieux, aux hommes imprévoyants qui l'ont laissée seule dans le noir, avec des animaux si lestes et si malveillants.

*

On trouve aussi chez eux, sans qu'il soit véritablement apprivoisé, un petit oiseau très frileux, qui ne peut rester dehors sauf au grand soleil de midi.

Cet oiseau, pas plus grand qu'un moineau, se tient dans le patio et dans les corridors.

Il ne jase ni ne pépie comme font la plupart des volatiles de sa taille. Il siffle, il agite beaucoup la tête, puis émet son sifflement d'appel, comme s'il attendait quelqu'un. Mais personne ne vient. Et il se met à bougonner, à faire « kha! kha! » du fond de la gorge, comme s'il voulait cracher.

Il pullule dans les corridors, mais n'entre jamais dans les appartements. Il niche dans de grandes flûtes à champagne qu'il fait avec des plumes d'aigle, pour tenir en respect, dit-on, les rongeurs, que tout ce qui vient de l'aigle met mal à l'aise.

*

Ils se pendent, quand ils en arrivent à ne plus vouloir aller plus loin dans la vie, ils se pendent, mais jamais avec une corde, les cordes étant réservées à mesurer. Toute autre matière leur est bonne — étoffe, brins d'osier, ou lanière — ils se pendent avec facilité, pour un « oui » pour un « non », dès qu'ils sont arrivés à un certain point.

Ils ont même une maison, en chaque ville, pleine de lanières. En demande une, qui veut. Personne n'interviendra. Trouvant la lanière qu'il faut, et le calme voulu (car il n'y vient jamais que celui qui a la même intention que lui) il la fixe à un des crochets tout préparés — et hop...

*

Quand il vient des étrangers, on les parque dans des camps, aux confins du territoire. Ils ne sont admis à l'intérieur du pays que petit à petit et après maintes épreuves.

Même si un des leurs s'est absenté pendant plus de deux ans, les Émanglons ne le laissent pas rentrer tout de suite, mais le mettent dans des camps en pleine campagne, ou avec des enfants. « Qu'il se réveille d'abord à nos campagnes, disent-ils, à nos nuages, à l'air du pays, à l'aspect du visage de nos enfants. »

L'Émanglon qui revient de l'étranger doit donc se faire patient et discret s'il cherche à revoir sa femme et son foyer.

Hélas! on a déjà tiré les volets sur lui. Les Émanglons se contractent tellement vite. Le caillot formé, le sang ne remonte plus à la veine.

Et s'il envoie un messager à sa femme, oubli total : « Qui, quoi? Que veut-il encore, cet éternel insatisfait? »

L'OUGLAB

Employé comme bête de trait chez les Émanglons, l'ouglab a encore plus mauvaise mine que le gnou d'Afrique.

Hors ses cornes et ses dents, tout est pouilleux en lui (de petites dents de bébé, dérision de la force)

Mais sa sale tête haute est résistante assurément. On remonte du regard sa surface rêche de paillasson, et, au moment où on allait désespérer d'y rencontrer une trace de vie, on ren-

contre l'œil à l'ombre d'une oreille de polichi-
nelle.

C'est un œil d'abruti qui ne donne rien, qui
ne reçoit rien. Et, si vous regardez l'autre œil,
inutile confrontation, c'est bien le numéro 2 de
la même paire.

Qu'a-t-il besoin de nous? C'est un herbivore,
et, penchant sur le sol des terrains en jachère
son être mal brossé, il se réjouit tranquillement,
lymphatiquement, de bien appartenir à cette
terre, où il envoie, et non en vain, sa langue en
quête d'herbes, et de n'être pas comme tant
de vivants, étrangers partout et ne sachant ce
qu'ils veulent.

*

En somme, les Émanglons sont des Yoffes.
Supportables entre eux, au milieu d'autres, ce
qui leur manque saute aux yeux et il leur
manque énormément.

On songe alors combien il est extraordinaire
qu'ils aient pu, comme ils l'ont fait de façon
unique, résister aux civilisations ou, si l'on
veut, à l'influence des autres peuples.

Sans doute sont-ils, par leur faiblesse même,
plus tenus d'être fidèles à leurs habitudes et
à leurs manies.

LA TRIBU DES ARAVIS

Quand un Aravi part en voyage, les gens qui le connaissent intimement le saluent, la règle veut qu'on le salue. En d'autres circonstances, on n'est pas tenu de le saluer.

Mais, comme ils sont très fiers, même dans ce cas, ça leur est fort pénible et beaucoup préfèrent payer l'amende.

D'autre part, il y a des pères et des mères tellement aigris que pour arracher un salut à leurs enfants, ils se mettent en voyage bien souvent (ils sont tous très réticents dans ce pays, et ainsi ils se rendent compte, ils espèrent se rendre compte si leur fils, décidément, les déteste).

Mais même ainsi il n'y a pas de certitude, car, quoique ayant été de très bons fils dans leur jeune âge, sans être maintenant tournés à des sentiments carrément hostiles, il y en a de tellement fiers, fiers... et puis tellement fermés...

Chez les Aravis, on considérerait comme une

honteuse faiblesse qu'un fils âgé de douze ans voulût encore avoir affaire à son père.

La guerre non plus ne leur paraît pas estimable, ni les poursuites en justice. « A courir après un ennemi, on perd son maintien », telle est là-dessus leur maxime.

Et ils sont moins bavards que bien des animaux.

LES OMOBULS

Les Omobuls vivent dans l'ombre des Émanglons. Ils ne feraient pas un pas sans les consulter. Ils les copient en tout et quand ils ne les copient pas, c'est qu'ils copient les Orbus. Mais quoique les Orbus soient eux-mêmes alliés et tributaires et race parente des Émanglons, les Omobuls tremblent qu'imitant les Orbus, les Émanglons ne soient mécontents. Mais les sentiments des Émanglons restent impénétrables, et les Omobuls se sentent mal à l'aise, louchant tantôt vers les Orbus, tantôt vers les Émanglons.

SUR LA PLACE D'ORPDORP

Quelques Omobuls obèses causent eaux et climats. Une Omobulle en voiture respire les vapeurs enivrantes d'une cassolette. Le cheval est fainéant, le coussin est important.

Chapeaux à glands, robes à glands, parasols à glands. Oisifs et oisives se prélassent.

Douces confiseries de toutes parts apportées.

On goûte, on mâche, on salive.

On avale en vous regardant dans le blanc des yeux. On se gargarise longuement, on crache.

Matelas, divans, fauteuils sous les arbres. Eau.

Petite mare, beaucoup de grenouilles.

Le soupçon de brise, dont c'est l'habitude de venir après le coucher du soleil, est attendu patiemment.

Il est midi.

LES ORBUS

Plus visqueux et spectaculaires que les Émanglons.

Lents de nature et par calcul, d'une lenteur cérémonieuse et à la vaseline, au pas sûr, médité, retenu, conscient, se retournant malaisément comme s'ils étaient la proue d'un navire qu'ils traîneraient derrière eux, milieu et poupe; s'il faut absolument se retourner, pivotant prudemment, ou plus volontiers parcourant un spacieux arc de cercle; aux idées longues à mûrir, et la nuit de préférence (leur faire prendre soudain une décision, c'est les obliger à trancher dans la chair vive. Ils ne vous le pardonneront jamais); petits mangeurs, mais grands mâcheurs, interminables à des repas de rien, végétariens, sauf à prendre avec leur manioc, leurs patates et leur pâte de banane, une langue ou une cuillerée de cervelle.

Jeunes avec ces grands yeux de rêve, trop humains, comme en possèdent les bébés orangs-outangs prisonniers dans une cage.

Adultes, l'œil-globe imbécile, ou, chez les plus méditatifs, des yeux de vase.

Un regard feutré, sans cohésion, qu'on ne peut prendre, qui se défend par ubiquité, dont une branche, pourrait-on dire, va à votre front, dont une autre reste en lui, dont une troisième rampe vers votre passé, une quatrième est commune à vous et à lui, tandis qu'une cinquième, en îlot, reste en lui, à se demander ce que tout cela signifie.

S'ils viennent à faire votre connaissance, prenant et soupesant votre main, la jaugeant, l'interrogeant, la palpant interminablement, l'engluant dans on ne sait quoi dont on ne rêve plus que de se sauver au plus tôt, quoiqu'ils soient peut-être en ce moment distraits et occupés à ressasser en eux-mêmes quelque vieux propos qui leur a été tenu il y a quinze jours.

Portés à thésauriser, par sentiment de l'amas du Passé, dans un pays qui s'y prête peu, sans richesses sauf de plumes d'oiseau, dont ils ont des greniers pleins.

Fumeurs de pipe (une pipe par jour, à ne pas rallumer plus de deux fois), vous provoquant à parler, tout en ne disant que des « oh » et des « ah » dans leur pipe, mais capables de vous donner la réplique très curieusement dix jours plus tard, quand la brume dans leur cerveau s'est dissipée.

Du reste, toujours dans le passé, ne jugeant si un tel a volé par exemple qu'en réexaminant de mémoire son passé, s'y engloutissant, n'accordant qu'une importance d'indication au vol ou au meurtre lui-même, toujours préoccupés du fond de toile.

Philosophes au goût nostalgique de la sagesse et de l'en deçà de la vie, croyant que l'homme n'est pas un être mais un effort vers l'être, entretenu sans cesse par les provocations du monde extérieur, à une échelle infiniment et monstrueusement au delà de sa taille réelle, qui est infime et à laquelle on devrait se tenir. « Ramasser en soi, dit le grand Ravaj, quelque chose de si petit que, même mort, on le tienne encore. »

Les Orbuses, grosses, au visage laiteux, la lèvre inférieure forte mais admirablement roulée, au corps onctueux, vaste en plaisirs, dont on ne peut plus se détacher, les pieds petits, chargés d'émotion voluptueuse, qu'elles sortent à toute occasion, et Dieu sait si elles en trouvent; en visite, se les faisant laver par une servante, tout en parlant, avec du lait qu'on fait apporter aussitôt, ou sur une place publique, à une promenade, et ceci à la vue des curieux, avec quelques façons toutefois qui montrent la volupté qu'elles y attachent, ou se les faisant laver dans le privé par leurs amants, avec baisers et mignardises.

Riches, se promenant indolemment, leurs servantes derrière elles, avec tout un assortiment de capes de différentes couleurs, dont elles enlèvent l'une pour en mettre une autre, pour l'enlever bientôt, en remettre une nouvelle, sans qu'on en voie la raison, avec une gravité à pouffer.

Au théâtre, car les femmes seules jouent, elles s'habillent en grenouilles qui symbolisent l'harmonie avec la nature; ou bien, prises à la taille, vingt ou trente ensemble, dans un vaste tapis flottant qui les entoure chacune de toutes parts en nappe, elles feignent de lutter contre les eaux d'un fleuve ou de la marée qui les entraînent en un mouvement d'ensemble admirable.

Mais les danses les plus belles, qui comprennent quantité de figures et qui constituent de remarquables petites pièces de théâtre, sont les danses des pieds. L'actrice est dans une demi-obscurité, couchée sur un divan, les pieds face au public, seuls découverts et éclairés. Les pieds font tout le jeu, avec une grâce naine, naïve, inattendue et bon enfant. Parfois, rarement, des mains donnent la réplique. Mais les mains sont trop affamées, détachées, volontaires. On n'y habite pas. « Non! disent d'elles les Orbus, en vérité elles ne gardent pas la vie; l'être y passe à la course. »

EN LANGEDINE

A KIVNI

Je vécus longtemps à la cour de Kivni et, quoique sûr qu'on y intriguait, et constamment, je n'ai jamais pu savoir à quel sujet, ni me rendre compte d'un avantage que quelqu'un en aurait retiré.

Pourtant, si. Un jour, quelqu'un arriva au palais avec des bottes. Je ne le remarquai pas tout d'abord, car quantité d'hommes venaient avec des bottes. Moi-même. Mais ses bottes étaient lacées depuis le bas, alors que les nôtres étaient cousues.

Comment avait-il obtenu ce privilège? Je me le suis souvent demandé. Je m'informai, comme on pense bien, de tous côtés, mais je n'ai jamais fort bien saisi. Il s'y était pris il y a longtemps (on situe le début de l'action au bas mot il y a seize ans), avait intrigué sans cesse, sans jamais prendre de vacances, suivant le prince partout, ou, en cas d'impossibilité, « le chef de listes ». Et la question de chance mise à part, l'affaire fut conduite de main de maître, car, quoiqu'on le tînt à l'œil depuis longtemps, quand on se trouva devant le fait, toute la Cour en fut dans l'étonnement.

Ils avaient tous du mal à le regarder au visage, tant leur idée allait aux bottes.

*

A la cour de Kivni, les étrangers, à cause même de leur naturelle ignorance des usages, jouissaient de certains privilèges.

Mais quels que fussent ces privilèges, la plupart des étrangers, même princièrement introduits, même les ambassadeurs les plus roués, fuyaient la Cour, ne s'y sentant pas à l'aise à cause des minuties infinies de l'Étiquette.

Quant à moi, quoique les salutations à l'entrée, avec leurs détails minutieux qu'on ne sait jamais appliquer convenablement au cas voulu, n'aient pas cessé une seule fois de m'être un supplice, je ne laissais pas d'y aller, les dames de la Cour et leurs révérences, semblables à des danses (car, pour elles, les complications sont autrement grandes et théâtrales), étant pour moi un spectacle toujours nouveau, dont je ne pouvais me lasser, dont j'avais pris le besoin.

Hélas, comme je ne pouvais danser correctement les figures du salut qu'on doit aux femmes de rang princier, je dus rester à la Cour,

dans ce qu'on appelle le Grand Salon, et ne
pus qu'entrevoir le Salon de la Cour (sans qua-
lificatif de petit ni de grand, le petit étant
réservé aux seuls ambassadeurs et ministres).

Ce fut Ajvinia qui m'introduisit à la Cour
et m'enseigna les usages.

Hélas, quel mauvais élève elle eut en moi!

Par une faveur exceptionnelle, je fus invité
chez Ajvinia, au grand dîner qu'elle donne à la
fin de l'hiver, à trente ou trente-cinq personnes.
C'était la première fois que j'étais invité par
une dame de la Cour, ayant le premier rang
après les princesses.

Comme tout y était différent des réceptions
du palais, et d'une intimité imitée à merveille,
à laquelle, malgré ma méfiance, je me laissais
prendre! Ce n'était partout que chuchotements,
grands secrets enfin dévoilés, aveux tout nus,
gens qui se donnent tout entiers!

Dans cette atmosphère pour moi nouvelle
et presque étrange, le visage de Cliveline, reposé
et parfait, lumineux comme une perle, régnait
seul pour moi.

Le repas ne fut pas long. Ils se levèrent
de table à l'improviste et pas tous en même
temps; on se dispersa et je n'osai même pas la
saluer.

J'ignorais quelle était la règle pour saluer
une jeune fille de rang inconnu, dont la mère
est déjà sortie de table.

Comment, comment allais-je jamais retrouver Cliveline?

L'époque venait où les soudards devaient revenir de l'expédition victorieuse contre les Clavas et aucune jeune fille ne sortirait plus. L'époque vint. Je ne la rencontrerais donc plus!

J'allai rendre visite à Ajvinia. « Jeune étranger, me dit-elle, il faut mieux appliquer nos règles », et j'appris que j'avais gravement manqué à Cliveline. « Elle vous pardonnera peut-être, comme vous êtes étranger, mais la règle est que quand un chevalier voit une jeune fille de son rang pour la première fois, il lui offre deux noix; elle remercie, les tient quelque temps dans sa main et les laisse sur la table en sortant. Mais elle les regarde avec attention si elle veut marquer au jeune homme de l'intérêt. Exceptionnellement, elle peut garder une noix. La signification n'en est pas absolument précise : c'est un mouvement du cœur. Je puis bien vous le dire en confidence, Cliveline m'avoua : « Si ce jeune étranger m'avait fait le cadeau d'usage, je crois bien que j'aurais gardé une noix. »

Hélas, Ajvinia dut partir le lendemain et quand Cliveline reparut et que les jeunes filles furent de nouveau autorisées à sortir, j'étais, une fois de plus, malheureux et sans conseil au milieu du grand nombre de règles qu'il faut observer pour parler à une jeune fille du premier rang.

Ajvinia m'écrivait : « ... D'ailleurs, cette année, depuis avant-hier, est une année presque sans règles. Et le sens de celles que l'on a gardées est différent pour la première fois depuis quarante-cinq ans, si bien que de très capables, en ce moment, n'en savent pas plus que vous. C'est votre chance. »

Hélas, l'interprétation des règles cette année, quoique moins difficile, était si exceptionnellement réduite que la plupart des gens, par peur de se tromper ou de paraître se tromper, ne sortaient plus de chez eux, ou, se voyant, fuyaient en hâte, ne sachant comment se comporter.

La Cour même était presque déserte. J'errais seul dans les rues, à travers la ville.

Enfin je rencontrai Cliveline à la Cour et elle voulut bien laisser tomber son éventail à terre devant moi. Je le lui ramassai aussitôt et le lui tendis avec tous les compliments à son adresse que j'avais bien étudiés. Elle sembla surprise et comme souffrante et me quitta froidement.

Ensuite je dus partir pour Kadnir, j'étais excédé et désespéré.

Ajvinia m'écrivit : « Ce que vous avez fait là est fort regrettable à cause de son ambiguïté, mais dans son acception la plus cou-

rante, c'est blessant et injurieux. Pauvre Cli-
veline! Délicate comme elle est, je me demande
si elle n'en tombera pas malade. »

*

A KADNIR

La ville de Kadnir ne ressemble pas à la
ville de Kivni. Elle est petite, près d'un fleuve
immense. Les hommes y tiennent peu de place.
Les maladies épidémiques y viennent souvent;
la langueur toujours. C'est une ville où l'on ne
peut vivre crispé.

Les meilleures danseuses de la région sont
celles d'Okodne, les plus savantes.

Celles de Kadnir sont plus humaines. Elles
vont aux sens, à cette couche molle qu'on a
au fond de soi, indéterminée, et qui attend
cette musique pour se mettre en mouvement.

Les toits, à Kadnir, descendent beaucoup
plus bas qu'ailleurs. La porte d'entrée même
de la ville semble être un grand abri.

Je passai quatre mois à Kadnir. A peine si
j'en garde un souvenir précis, seule l'impression
que vraiment j'y étais bien, que c'était là mon
bonheur. Sans haut, ni bas, le bonheur.

C'était à Kadnir.

LES OMANVUS

C'est chez les Omanvus débonnaires qu'a
lieu le repartage des femmes une fois tous les
deux ans. Jour de soulagement pour bien des
hommes. A ce marché des femmes, on entend
plus de vérités utiles et cruelles qu'à un marché
de jeunes filles. Forcément.

Le marché est à Ornagis, une ville en che-
nille sur une colline. Une seule rue serpente
de haut en bas. Un homme attentif, regardant
à gauche pour monter, à droite pour redes-
cendre, est donc certain, revenu à la porte
d'entrée de la ville, d'avoir vu toutes les Oman-
vues disponibles cette année.

LES ÉCORAVETTES

Les Écoravettes servent de guides (non de servantes, ni de porteuses) au passage du marais d'Op. Les passes changent avec la saison et jamais les hommes n'ont été aussi bons qu'elles à retrouver les îles et les terre-pleins de ces chemins changeants. Elles posent de-ci de-là leurs petits pieds avec sensibilité et interrogation, comme des oreilles prolongées, et puis on passe.

LES ROCODIS ET LES NIJIDUS

Ce qui étonne en eux, c'est un fond rin-rin. Cependant la race rin-rin n'existe pas. C'est seulement le fond de l'âme des Nijidus qui est rin-rin. Et le fond de l'âme des Rocodis est tout pareil.

Quoique secs et d'un physique d'hommes vifs et sans surcharge, ils sont engourdis, indécis et en dessous, semble-t-il, de leurs moyens.

Pour ne pas m'éloigner davantage de ma pensée, les Nijidus sont des barnes et des rippe-choux, plus dépourvus de brillant que n'importe quoi, et yayas et gribelés.

LES ARNADIS

Les Arnadis ne sont pas plus importants que les Nijidus. Tous ratatinés. Je mets ensemble les Bévins, les Souvgattes et les Arnavas. Ils se distinguent entre eux, paraît-il. Peut-être. A force d'attention. Sceptiques, évitant avec sûreté la grandeur (et celle des autres ne les impressionne pas, sauf pour les faire rire, de ce petit rire sec d'allumette qui craque).

Leurs femmes, petites, moqueuses à ne s'y pas frotter, en un mot : des épiettes.

A tous et à toutes, donner une bonne raclée ferait plaisir. C'est un peuple où l'enthousiasme est impossible.

LES GARINAVETS

J'ai vu quantité de tribus dans le sud du Gal. Les hommes y sont velus comme singes. Les jeunes hommes se rasent le corps afin d'avoir le poil plus dru, plus dur le jour de leur mariage. La jeune mariée sort du lit le corps en sang, et le marié en sort avec l'estime générale.

Ce sont les Garinavets.

Mais quand ils ont fait leurs preuves, ils ne se rasent plus et leur poil redevient souple à la longue.

Ils ont apprivoisé une sorte de gros rat. Les femmes des chefs sortent, en tenant par des ficelles un plus ou moins grand nombre de rats suivant leur richesse. Elles semblent ainsi entourées de pelouses, pelouses grises, luisantes, séduisantes au possible.

La fourrure de l'animal mort est de peu de prix, car elle se ternit, et les vers s'y mettent, quelque précaution qu'on y apporte. Vivantes, ces petites bêtes en foule sont une merveille dont les femmes qui comptent ne manquent

pas de s'entourer. Mais si deux rivales se ren-
contrent dans le village aux rues étroites, et
que pas une ne veuille céder le milieu du pas-
sage, ni retenir son petit troupeau grouillant,
c'est bientôt un emmêlement, des cris petits
et grands, et une pagaye à ne plus jamais s'y
retrouver.

LES BORDÈTES

Les commerçants y sont mis à mort, cette race abjecte étant capable de tout.

Comme il y a certaines difficultés parfois à se procurer des choses sans intermédiaire, il y a des marchandises déposées en certains lieux, dont on fait des parts pour qui en veut et qui le fait savoir.

Si le mot « commission » ou « bénéfice » était seulement prononcé, c'est à coups de fouet que serait châtié l'imprudent que sa bouche aurait trahi.

LES MIRNES

Chez les Mirnes, une femme convaincue d'adultère n'est pas punie, sauf de quelques coups à la convenance du mari. Quant à l'amant, il est tenu à subvenir à tous les frais du ménage, en aliments, boissons, réjouissances, etc., ou, faute d'en avoir les moyens, à se trouver, jour et nuit, installé sur le pas de la porte, prêt à toutes les corvées, jusqu'à ce que le mari dise « Assez! »

(Les convenances n'autorisent pas le mari à faire travailler l'amant plus de huit saisons.)

Mais certains maris ne se peuvent contraindre et se saoulent avec le vin de l'amant et, comme certains amants non plus ne se peuvent contraindre, l'amant jouit donc une fois encore de la femme. Et le prix de rachat des amours répétées s'allonge en d'infinies saisons.

*

L'unité de longueur chez les Mirnes est l'orteil de 3 cm. 22, le pied de 32 centimètres et le pas de 91. Ce n'est pas une mesure royale.

Le roi compte en têtes : 21 centimètres, voilà la longueur moyenne qui a été établie pour elles, et dont le roi use en ses affaires.

De temps à autre, par scrupule, pour n'avoir pas l'air d'employer une mesure, toute de convention et de symbole, et fictive en quelque sorte, le roi en coupe quelques-unes qui lui conviennent sur des épaules qu'il voit autour de lui.

*

Ils aiment les demeures parlantes, les maisons à façade couverte de seins roses et bien formés, et des meubles dedans, graves, sombres mais constellés d'yeux.

A l'entrée de la ville, un étrange bâtiment, sans queue ni tête, sans pièces logeables, mais non sans grandeur, exprime l'âme de la ville, l'âme changeante. Aussi est-il plein de démoli autant que de construit.

La façade du grand Méhu architectural de Méhé est tellement impressionnante que des femmes sont mortes en la voyant, terrassées par l'admiration.

LES MAZANITES
ET LES HULABURES

La religion des Mazanites déplaît aux Hulabures et les révolte. Ils se sentent couler dans une vaste infection, quand ils y songent.

Pourtant les Mazanites trouvent leur religion, le chemin évident vers la sainteté et le déploiement naturel de ce qui élève l'homme et compte véritablement en lui. Ils ont d'ailleurs trois cultes. Mais les Hulabures n'en voient qu'un. Un qu'ils détestent.

Les Hulabures font donc la guerre aux Mazanites et souvent avec succès.

Les Hulabures attachent leurs prisonniers de guerre avec un crochet à la langue, un crochet au nez, un crochet à la lèvre supérieure et deux autres petits crochets aux oreilles.

Quand ils ont pu employer de la sorte une trentaine d'hameçons, ils sont fiers et en paix avec eux-mêmes; la noblesse éclate sur leurs visages. Ils font ça pour Dieu... je veux dire pour Celui de leur nation, pour l'honneur du pays, enfin, peu importe, entraînés par un sentiment élevé, austère et de sacrifice de soi.

LES OSSOPETS

Les Arpettes sont traîtres et aussi les Floriquets, les Cirridents sont diplomates et les Ourledous gens de ressource.

Ils l'emportent par leur patience, leur prudente administration, et savent diriger et endormir quand il le faut, comme des riches qu'ils ont toujours été. Ils ne combattent pas eux-mêmes, mais possèdent des mercenaires en grandes armées. Leurs alliés, les Effrattes, sont de toutes les bagarres.

Les Ossopets ont une sale peau de truffe avariée. Ils vendraient leur père pour faire du commerce. Leurs dents deviennent vertes vers les trente ans. Ils sont clobeux.

*

Les Épelis commencent par envoyer leurs enfants à l'école de droiture.

Sans insister.

Ceux qui n'y réussissent pas sont envoyés à l'école des traîtres. Le grand nombre.

En effet, ce peuple faible ne peut réussir au dehors que par traîtrise.

Mais ils ne veulent pas forcer les vocations et commencent par enseigner aux enfants les choses selon la sincérité.

C'était un risque, en somme. Mais ils le prennent, confiants dans la duplicité de la nature humaine.

*

Les Ématrus sont lichinés ou bien ils sont bohanés. C'est l'un ou l'autre. Ils cousent les rats qu'ils prennent avec des arzettes, et sans les tuer, les relâchent ainsi cousus, voués aux mouvements d'ensemble, à la misère, et à la faim qui en résulte.

Les Ématrus s'enivrent avec de la clouille. Mais d'abord ils se terrent dans un tonneau ou dans un fossé, où ils sont trois et quatre jours avant de reprendre connaissance.

Naturellement imbéciles, amateurs de grosses plaisanteries, ils finissent parfaits narcindons.

*

DANS LA FORÊT D'ORMAZ

A la saison d'amour, l'oiseau kuenca mâle sort de son cou, tuméfié de plus en plus, trois

rangées en demi-cercle de plumes splendides
et ainsi engoncé dans ses batteries étincelantes,
oranges, vertes et rouges, il part en quête d'une
compagne pour se satisfaire et pour le nid.

Mais quand il se trouve enfin en sa présence,
il rentre aussitôt la tête; soit qu'il la cache
pour mieux sentir sa passion, soit par honte
de se montrer demandeur devant une simple
femelle grise et de peu de force. Peut-être
simplement pour mieux faire valoir les splen-
deurs de son cou.

Mais dès qu'il l'a conquise, devenant paisible
et effacé, ses plumes perdent leur éclat et leur
ampleur et quand, après une quinzaine passée,
on les observe tous deux au nid, on croirait
voir deux femelles grises, habillées de loques
et de découragement.

C'est vers la fin de novembre que la forêt
d'Ormaz fournit le plus beau spectacle de sur-
prises éclatantes, quand le mâle kuenca est au
mieux de sa forme.

LES BAULARS

Chez eux, la régénération des tissus est si rapide qu'ils ont la plus grande indifférence aux blessures, en quelques heures cicatrisées, et aux coups les plus brisants, qui ne laissent pas de traces le lendemain. Aussi sont-ils fier-à-bras et provocateurs comme gens qui, s'ils n'en meurent sur-le-champ, s'en tireront à coup sûr.

Ils sont insupportables.

Le poison? Imparfait. Ils récupèrent telle-ment vite s'ils ne sont pas intoxiqués à mort. On les menace utilement de crochets à arra-cher les yeux. Car la cécité et l'ardeur dans un même corps étant un horrible supplice, le malheur les attend là et ils le savent.

LES PALANS

Les Palans fournissent les avaleurs de sabre et les suceurs de poussière. On en voit parfois qui traînent derrière eux, dans la boue, comme un torchon, une panthère inerte.

Par quelle opération l'abrutissent-ils ainsi, je ne sais.

Cette panthère magique chasse pour eux la nuit; chasse, mais ne rapporte pas. Il faut aller très tôt le matin, s'il en est temps encore, pour ramasser le gibier (la panthère en reçoit une part).

N'envoyer la panthère dans la forêt qu'aux dernières heures de la nuit.

LES VIBRES

Les Vibres aiment l'eau, plongent aux éponges, ont raison des requins et des pieuvres. Ils reviennent le soir, sans s'être essuyés, le corps bleuté de phosphorescences. Leurs femmes accouchent dans une barque, trouvant dans les mouvements de la mer les forces nécessaires pour expulser l'enfant qui désire naître.

LES MASTADARS

C'est la grande race, la Race : les Masta-
dars. Ils combattent le tigre et le buffle à
l'épieu et l'ours à la massue. Et même s'ils se
trouvent sans massue, ils font face au grand
velu.

LES ARPÈDRES

Les Arpèdres sont les hommes les plus durs et les plus intransigeants qui soient, obsédés de droiture, de droits et plus encore de devoirs. De traditions respectables, naturellement. Le tout sans horizon.

Têtes têtues de bien pensants, poussant en maniaques les autres à s'amender, à avoir le cœur haut.

Quelle inondation de joie chez tous leurs voisins quand une guerre générale leur fut déclarée, guerre injuste entre toutes!

Ce fut une nouvelle et grande croisade, la belle, l'heureuse, l'injustifiable, la criminelle, criante d'iniquité, contre un peuple sûr de son droit, prouvant qu'il a le droit pour lui et qui en crèvera.

A peine s'il en reste quelques centaines actuellement dans l'île de Phobos. Tous les peuples se soulagèrent grandement. Le carnage dura plus d'un an. En pleine torture, quand on leur coupait un bras, le nez, les oreilles, les

Arpèdres prisonniers parlaient encore « de leur droit qu'on viole ». Cette chanson est finie maintenant. Ils furent donnés aux chiens, qui ne les trouvèrent pas coriaces du tout, et en redemandèrent.

On ne fit pas grâce aux femmes. Aussitôt violées, on les tuait, on n'avait aucune confiance dans la nouvelle race qui aurait pu se former.

LES KALAKIÈS

Le peuple est bagarreur à ce point que les conversations ont dû être interdites. Il en résultait trop de coups et de blessures mortelles. Le pays eût été en peu de temps entièrement dépeuplé.

Le problème du mariage?... Courts rapprochements, les plus courts possible.

Quant à faire vivre ensemble mari et femme, il n'en a jamais pu être question. Ce serait une véritable provocation, qui ne pourrait finir que par un prompt décès.

En fait, il ne reste plus que quelques Kalakiès.

LES NANS

A cause d'une maladie qui sévit chez eux, leur pays est craint de tous. Sitôt arrivé, je ne songeai plus qu'à repartir.

Il leur vient des boudins durs sous la peau. D'abord aux jambes (peu d'entre eux y font attention; c'est peut-être un muscle dévié...), puis au ventre, où tout de même c'est plus étrange, puis les boudins s'accumulent, distendant la peau qui durcit et ne semble pas vouloir céder. Il faut exciser le boudin quand il est mûr, alors rien à craindre, l'infection est très rare. Nettoyer la plaie avec de l'eau d'Avers, qui passe pour miraculeuse. Quoi qu'il en soit, elle possède cette qualité qu'elle arrête l'hémorragie, tonifie toute la région, allant jusqu'à faire rapetisser les petits boudins. Premier stade.

Au deuxième stade, deux ou trois ans après, viennent les abcès.

Les femmes sont plutôt atteintes à la poitrine. Leurs seins deviennent énormes et violets, ou rouges, mais d'un rouge vineux bien chargé.

Si elles ne sont plus toutes jeunes, leur sein malgré l'âge, loin de se flétrir, mûrit et se développe en fruit abject, s'enrichissant de couleurs toujours nouvelles et plus éclatantes de splendeur et de délire, avec de petits filets orange et bleu de cobalt. Et elles vont ainsi sur les routes, désespérées, quoique majestueuses. Mais au moindre mouvement brusque, le sein donne issue à une petite traînée jaune, qui vous soulève le cœur.

Dès que les bandes de ces malheureuses, avec les enfants et les aveugles aux yeux pourris par le pus, se mettent en mouvement, ce sont dans toute la région des transes abjectes.

DANS LA PÉNINSULE ASSOULINE

En Grande Garabagne et surtout dans la Péninsule assouline, les rapports entre hommes et femmes diffèrent à l'infini, d'un endroit à l'autre. Et c'est fait exprès, car rien, disent-ils, n'est absorbant comme ces choses, jusqu'à couvrir l'existence entière, une fois qu'elles ne sont pas réussies, alors que, simples, elles doivent glisser dans l'ensemble de la vie. Et ce qui convient à l'un ne convient pas à l'autre.

L'homme non satisfait s'en va donc dans un village voisin (il y a des usages et des mœurs différents à moins d'une demi-journée de distance).

Dans la région d'Umbal, ils n'ont besoin que de tendresse. On y voit, dès l'âge de six ou sept ans, un garçonnet se vouer à une petite fille, rechercher partout sa compagnie, lui tenir le langage de la douceur, et jamais ils ne se touchent, sauf aux doigts. Leurs yeux sont baignés de lumière.

Mariée, la jeune femme reste longtemps encore

dans sa famille, et si elle s'installe chez son mari, c'est plutôt pour y avoir son « chez soi » où jamais il ne vient qu'en invité, tenu comme n'importe qui à la civilité et à la discrétion.

Elle ne se rend vraiment chez lui qu'une fois l'an. Alors il lui fait un enfant, agréablement du reste et sans honte. Elle se retire ensuite vivement chez elle où elle ne consent à le voir de la semaine.

On ne rencontre pas chez eux de ces goujats qui voudraient posséder leur femme tous les soirs. Ils ne seraient pas tolérés. On les bannirait aussitôt. Mais ils peuvent aller librement en Immérie.

En Immérie, le culte du sexe de la femme existe, sans aucun souci de sa personnalité ou de son caractère. Et jamais ils ne passent de l'un à l'autre.

Les gens y sont très mous et leur volupté, sinon leur jouissance, est prolongée, mais pas tellement intense. Pays marécageux, climat chaud et qui exténue.

Ils préfèrent à tout les orgies en foule dans l'obscurité profonde. Un homme y est sacrifié, parfois plusieurs. Au moment même de la jouissance amoureuse, il est étranglé par sa compagne et par ses amies. Il sombre dans la mort et dans la volupté presque au même instant.

LES ÉCALITES

Je n'ai jamais su si c'était l'effet d'une maladie ou une simple disposition naturelle. Le corps des Écalites, pour peu qu'il soit touché d'un toucher appuyé, rougit (sauf aux mains et aux pieds).

Et la marque tient une heure, bien davantage parfois.

Les chasseurs qui reviennent de la forêt reviennent tout en fleurs, en feuilles, en graines.

Le corps des femmes est nacré, rose, à reflets, admirable.

Je ne me lassais pas d'y former comme à l'estompe, avec le pouce et les doigts, des figures rosées et d'autres corps rosés de fées ou de poupées. Et, grâce à ce petit talent, elles m'aimaient. Elles aimaient, soumises et espiègles, se laisser faire sous mes doigts.

LES OURGOUILLES

Les Ourgouilles habitent l'embouchure du fleuve Ogal. Les Carasques, les hauts plateaux. Ceux-ci sont pauvres et leurs chants mélancoliques, et ils envient les Ourgouilles, qui s'empiffrent, qui n'ont souci de rien, et vivent sans rien faire.

Les Ourgouilles en tient, et se pavanent inexpugnables, dans un climat qui fait fondre et verdit les autres races qui essaient d'y vivre de temps à autre et de les combattre, les Carasques, les Ratavestes et les Cliffets, et les oblige bientôt à remonter, ânes rachitiques, vers leurs tristes plateaux, chantant leurs chants mélancoliques, devenus plus mélancoliques encore.

LES HALALAS

La police chez eux règle ses affaires elle-même. Le policier, étant responsable de l'ordre et des criminels, est considéré comme leur sergent, leur chef de groupe. Pour rendre la situation plus souple encore, les bandits font un stage dans la police, et les policiers chez les malfaiteurs. Les deux groupes échangent des hommes continuellement.

A présent, les bandits ne font plus de stage dans la magistrature, mais, quand elle avait encore quelque autorité, elle en était pleine. S'y attarder maintenant, ce serait pour eux perdre leur temps.

Chez les Halalas, l'armée est entretenue par l'ennemi. Non contents de consommer toute la richesse des laboureurs et des commerçants du pays et de ravir l'honneur des femmes halalas, ils se font grassement entretenir par la nation ennemie des Hokotis. En temps de guerre, il est naturellement exceptionnel qu'on la voie, étant à boire et à manger et à faire la

noce chez les Hokotis, dont les troupes ravagent
les villes et les campagnes halalas.

Mais comme ils sont grands ripailleurs, il
faut leur en donner des fêtes, et toujours davan-
tage, des banquets, des femmes, et ne pas les
oublier, car, aussi indépendants dans une situa-
tion méprisable que dans une glorieuse, ils ont
vite fait, s'ils se jugent insuffisamment entre-
tenus, de se fâcher, de sauter sur leur grand
sabre et de retourner la situation la plus déses-
pérée, si bien qu'à toute extrémité, mainte
guerre a été gagnée par les Halalas, par des
troupes qu'ils ne croyaient plus posséder depuis
des mois, vouées au contraire à l'exécration des
enfants, à la vengeance de leurs dieux.

Et voilà qu'un jour, un beau jour, ces gail-
lards, qui sont à la vérité prodigieux et dignes
d'être entretenus, ont bouleversé la situation,
et écrasé l'ennemi d'un écrasement dont il ne
se remettra pas avant longtemps.

Et les voilà qui viennent à la nouvelle ripaille
qui les attend.

Dans les affaires de famille et du gouverne-
ment, ce sont les prostituées qui sont considérées
comme de bon conseil. Les hétaïres tirent de
leurs conseils, quand elles ont la générosité d'en
donner, une fortune considérable. Pour ce qui
est de prostituer leur corps, ce n'est, naturelle-
ment, qu'un prétexte, un prétexte pour parler,
pour parler à cœur ouvert.

Toutes les informations, toute la vie des Halalas, passent par elles.

Aussi toutes les mères dignes de ce nom, un peu intelligentes et préoccupées du rang que doivent occuper leurs filles, les poussent à la prostitution. Les honneurs et la considération générale ne manquent jamais de rejaillir sur la femme qui a su prendre cette décision.

S'il n'y avait pas les prostituées, aucune famille ne serait possible, les Halalas étant naturellement dissolus, ivrognes et bons vivants et ne songeant qu'à être dehors avec les filles.

Mais les prostituées les ramènent chez eux, et se font payer davantage en les ramenant qu'en leur offrant leurs corps. Elles acquièrent de la sorte beaucoup d'autorité dans les familles et sont, on peut le dire, la véritable base familiale.

LES CORDOBES

Aucun n'est exempt de bile.

Les hommes les plus vite froissés qui soient, les plus minés par les affronts (qu'ils sentent partout), hésitant non entre colère et calme, mais entre plusieurs colères.

La figure chargée, constamment recuite et retrempée dans la jalousie, les défaites de l'honneur, les ressentiments, le soir surtout, envahie de sucs empoisonnés, culottée, tendue, surimprimée, se tachant, blêmissant, s'ombrant aux vagues successives de l'amertume.

Colère aux cent expressions : chez les uns cela passe en frissons, jusqu'à les obliger à se mettre au lit; chez d'autres en fièvre, en hoquets, en spasme, en petites crêtes verbales, en moulinets des bras, plus dangereuse en celui où elle vient rarement, n'y ayant pas son chemin fait et coutumier, plus dévastatrice, donnant en lui au hasard, sans issue, comme si elle allait le dépoitrailler.

Colère sans cruauté, atrocités ni meurtre, car

ils préfèrent à la libération, l'orgueil d'en être le maître, le siège, la victime. (Colère : force. Meurtre : onanisme.) Il faut savoir se retenir.

Les femmes ont toutes leurs qualités de vivacité, moins le démon bilieux; pleines d'allant, élancées, le visage dispos et purgé. Voilà qui déconcerte les hommes, ces coqs, jamais fatigués, mais que l'aisance ridiculise, d'où nouveaux accès, et elles toujours étonnées de ces crises furieuses comme des oiseaux insultés par des rats.

Hommes et femmes au bord de l'abîme de l'amour, ne se rencontrant jamais.

Les chants d'amour en Cordobie, beaux d'élan, arrachés, partis du fond, allant loin, mais un peu en épingle de cravate.

Pays plus habité de tristesse que réellement triste. Maisons bâties en des endroits incommodes, désespérantes, mais ayant furieusement de l'allure.

L'air glacial ou flambant vous brûle les muqueuses. Soif. Ils gardent leur soif. La soif est plus aiguë que l'étanchement.

Ils adorent un seul Dieu, vindicatif, dur, absolu, porté à voir le mal partout et qui les attend tous à la mort. Son règne n'aura jamais de fin.

(Aux Cordobes se rattachent aussi les Ébelleux, les Écreux, les Ficres et les Pajaris.)

LES GAURS

Ils sont altérés de religion. Que ne lui ont-ils sacrifié? De mœurs grossières, ils ne cuisent pas leur nourriture. Pour les dieux seuls, il y a des aliments cuits. Ils les préparent avec mille soins, et un maître saucier travaille constamment à faire mijoter quantité de mets, des moutons entiers, de la volaille.

Le dieu hume, il a les narines toutes brunes, grasses, encroûtées. Mais il ne se lasse pas de voir des animaux innocents jetés tout vivants dans les casseroles fumantes sous des sauces brûlantes et il faut des années et des années avant que, le nez obstrué par le dépôt progressif des particules de la fumée, il cesse, au vu de tout le monde, de goûter aux sacrifices d'animaux et aux fumets les plus intenses.

Ils cessent alors de le nourrir, la conscience en repos, jusqu'à ce qu'un malheur surgisse; ils se précipitent alors, contrits, à ses pieds (d'autres lui débourrent promptement les narines) et lui sacrifient humblement leur bétail, que par malice et mauvaise foi ils avaient espéré lui soustraire.

Je ne connais pas tous leurs dieux, mais j'en connais quelques-uns, pour les avoir vus promener les jours de fête; ils sont aussi exposés à demeure en certains endroits, où on en peut trouver grand nombre groupés, chacun avec sa troupe de fervents et son maître saucier.

Le dieu *Banu* préfère les poulets, le piment et les yeux d'antilope. Le dieu *Xhan* les grillades, les victimes consumées jusqu'à l'os. Le dieu *Sanou* se repaît d'entrailles et d'animaux tout vivants cuits au bain-marie. Le dieu *Zirnizi* préfère les petits rongeurs et les alouettes, les rossignols, mais il faut qu'ils soient consumés lentement en cendres fines, fines, fines. Le dieu *Kambol*, qui a goûté à l'homme, hélas, est friand de l'homme ou plutôt de la jeune fille, des chairs qui aspirent à la plénitude de la femme, des chairs qui « gravissent encore la pente ». C'est ce qu'il lui faut. On essaie naturellement de le tromper avec des porcs encore jeunes, entre porc et porcelet, et, par-ci par-là, pour mieux l'induire en erreur, il y a une main, un doigt, un bras délicat étendus sur cette cochonnerie.

On y gagne quelques vies humaines, bien sûr, mais on ne peut le frustrer indéfiniment, car il connaît bien les hommes, c'est le dieu qui connaît le mieux les hommes et, contrairement à bien d'autres, il les apprécie et n'a pour eux que des paroles de miel.

Généreux (quoique par simple peur peut-être), les Gaurs ne comprennent pas la sécheresse, ni l'avarice chez les autres : « Allons, iront-ils dire à tel étranger de passage, vous qui avez quatre enfants, vous ne pouvez même pas en donner deux à un dieu aussi puissant! » (Le dieu Kambol.) Cette irréligion les frappe de stupeur. La colère les saisit, colère divine, et, pour réparer l'outrage, ils massacrent tous ces impies et les offrent à leurs dieux avides. (Dans ce pays, je ne saurais assez conseiller de voyager seul, avec un tout petit train de bagages, qu'on puisse cacher au besoin dans un fossé.)

Parfois un Gaur pieux, circulant devant les casseroles du Grand Kambol, lui voit une maigre et presque insultante pitance, un bébé chétif, n'ayant que la peau sur les os, sur lequel il n'y a rien à prendre vraiment, ou des viandes de tromperie, porcs et veaux et jeunes gazelles; alors le Gaur pieux, le cœur pincé, honteux de cette misère, mais pauvre lui-même, se coupe vivement un doigt, maigre offrande sans doute, mais avec beaucoup d'excuses le présente tout chaud au dieu, noyé dans le sang qui coule impétueux, le sang humain que le dieu aime tant.

*

Le dieu *Mna* est le plus sourd de tous et le plus grand. Ils savent bien que s'il les entendait, lui, c'en serait fini de leurs maux, qui sont innombrables, car c'est le peuple le plus comblé de maladies que j'aie vu (j'en décris quelques-unes plus loin).

Aussi ont-ils accroché à son oreille minuscule, une autre oreille, énorme, éléphantine, aux replis fouillés, étalée lourdement derrière sa tête comme une traîne. Et il y a toujours de grands braillards officiels, prêtres et enfants de prêtres, aux voix plus aiguës et plus pénétrantes, pour lui crier des paroles de supplication, après s'être naturellement fait précéder, pour l'alerter, de lanceurs de pétards et de trompettes choisis parmi les souffles les plus puissants des Gaurs.

Ah! s'il voyait au moins, ce dur d'oreilles! Mais non! De ce côté, rien à espérer. Jamais l'ombre d'un œil, jamais une goutte de cristallin n'a paru sur ce visage. On ne peut se leurrer de pareil espoir, on ne peut vraiment compter que sur l'ouïe disparaissante de ce grand sourd qui, autrefois, paraît-il, entendait encore un peu (quoique souvent de travers), distribuant aussitôt ce qu'on lui demandait, car, dès qu'il est au courant, c'est un dieu qui ne demande qu'à satisfaire les hommes... (il ne peut rien leur refuser). Hélas, il semble bien évoluer à présent vers une surdité totale, et on se demande avec épouvante ce qui arrivera quand il en sera là.

*

Le dieu des eaux est couché. Il n'est pas question pour lui de se lever. Les prières des hommes ne l'intéressent guère, ni les serments, ni les engagements. Peu lui chaut un sacrifice. C'est le dieu de l'eau avant tout.

Il n'a jamais fait vraiment attention aux récoltes des Gaurs pourries par les pluies, à leurs troupeaux emportés par les inondations. C'est le dieu de l'eau avant tout. On a pourtant des prêtres bien instruits. Mais ils n'en savent pas véritablement assez pour le chatouiller. Ils étudient, fouillent les traditions, jeûnent, méditent et il est possible, à la longue, qu'ils arrivent à parvenir jusqu'à lui et à couvrir la voix des eaux, qui lui est si chère.

*

Impudents que nous sommes, nous autres qui ne vivons que pour nous, notre famille, notre patrie, comme si tout cela n'était pas la même bassesse!

Il faut bien prendre soin, quand on voyage chez les Gaurs, d'être toujours abondamment muni de statuettes, et de leur offrir ostensiblement des sacrifices, de commander trois ou quatre dîners supplémentaires et de les faire consumer par le feu avec un petit air de mystère.

Je m'étais mis, gagné par l'ambiance, à faire régulièrement mes dévotions à une petite lampe à verre rouge que j'avais dans mes bagages. Un soir ce fut irrésistible, je lui offris un bœuf et depuis lors je ne pus me retenir de lui apporter des offrandes, passant ma nuit presque entière dans l'adoration, entouré d'une foule de suppliants, de malades, et, si un dévot ne me l'avait pas heureusement volée, dans l'espoir de grands miracles à son profit, je me serais dépouillé pour elle de mon pantalon, mais ce vol me découragea et je quittai le pays peu après.

*

Au bout d'une allée, dans une petite mare infecte, est un dieu aux yeux brillants et excités.

A quoi bon l'avoir repoussé ainsi à l'écart, puisqu'il faut quand même venir à lui?

Ce n'est pas sans un serrement de cœur que l'on s'engage dans cette allée.

Car le sacrifice ne suffit pas. Il faut martyriser

et martyriser ce que l'on aime. Ce dieu, appelé « le Simple », ne se satisfait ni de sang, ni de vie, ni de sauces. Il ne veut que de l'intime.

Mais qu'un père qui aime tendrement son fils apparaisse au bout de l'allée, aussitôt ses yeux au loin se mettent à briller, et l'on comprend, hélas, qu'il a ici ce qu'il lui faut et qu'il sait l'apprécier.

*

Lorsque le Gaur, accablé de malheurs, lève, s'il en a encore la force, les bras au ciel, les prêtres le rappellent violemment à l'ordre : « Sacrifie! Sacrifie! », lui disent-ils. Et, profitant de sa faiblesse et de son désarroi, ils lui enlèvent ses chèvres et son dernier bien. Car ils sont toujours à courir les chemins vers les endroits où il y a quelque détresse, cataclysme et inondation, pour prélever la part de Dieu, semant partout la terreur et le bien-penser, et accumulant chez eux des richesses immenses. Ils profitent aussi, comme on pense bien, de l'inquiétude des malades. Mais ils ne se sentent pas à l'aise près d'eux, car si une maladie se répand dans une communauté religieuse, des doutes concernant leur valeur morale viennent à l'esprit du peuple qui, aussitôt, entre en fureur et, malgré les menaces et les mines de loup des prêtres impuissants, veut reprendre son bien.

Les Gaurs sont impitoyables pour les prêtres
« que Dieu trahit ». Avec une mémoire d'obsé-
dés, de traqués par l'au-delà, ils rappellent
aussitôt qu'à tel sacrifice, il y a des années, tel
prêtre hésita, se reprit, bégaya, répéta inutile-
ment une formule. Les yeux dessillés mainte-
nant, ivres de fureur et de justice, ils viennent
offrir les prêtres en sacrifice aux dieux. Les
couvents se dépeuplent miraculeusement, Dieu
reprend son bien et la Terre sa tranquillité.

MURNES ET ÉGLANBES

Les Murnes : prétentieux, goborets, gobasses, ocrabottes, renommés pour leur bêtise repue et parfaitement étanche, comme les Agres et les Cordobes pour leur jalousie, les Orbus pour leur lenteur, les Ridieuses et les Ribobelles pour leur peu de vertu, les Arpèdres pour leur dureté, les Tacodions pour leur économie, les Églanbes pour leur talent musical.

Devant un Églanbe pris au hasard, vous pouvez siffler n'importe quel air, il vous le répétera très exactement quand vous voudrez, en ajoutant (croyant du reste sincèrement que toute musique est venue d'eux) que c'est une de leurs vieilles mélodies, quand même vous siffleriez un thème de « l'Or du Rhin ». Mais il le sifflera à contre-cœur, comme un air de basse époque, dont les Églanbes se sont détachés depuis longtemps.

LES NONAIS
ET LES OLIABAIRES

Depuis une éternité, les Nonais sont les esclaves des Oliabaires. Les Oliabaires les font travailler plus que de raison, car ils ont peur que les Nonais, s'ils reprennent quelque force, n'en profitent pour regagner leur pays, à peu près inculte actuellement, il est vrai, et en partie inondé.

A cause des mauvais traitements, la race des Nonais a diminué de moitié, si bien que les Oliabaires sont obligés d'aller les chasser dans leur pays, beaucoup plus loin qu'autrefois, jusque dans les marécages, où ils échapperaient probablement, sans les chiens dressés à cet effet, avec lesquels on les traque.

De tout temps, ces expéditions ont constitué un plaisir national, chanté du reste par tous les grands poètes oliabaires. Mais, hélas! de moins en moins de Nonais sont ramenés; c'est sans rapport vraiment avec l'effort militaire produit, et ce n'est pas la faute des généraux.

Aussi a-t-on établi maintenant, sous la surveillance du gouvernement, des réserves de mâles et de femmes nonais, où ils jouissent de facilités pour se reproduire abondamment comme une race normale qui ne veut pas péricliter.

Les enfants, une fois arrivés à l'âge où ils deviennent robustes, sont lâchés dans la province d'Avidre, où les Oliabaires pourront venir les chasser.

Car un Oliabaire ne peut faire d'autre travail que celui de chasser. Cela le démoraliserait, le tuerait à coup sûr, d'en entreprendre un différent. Mais il connaît son destin et lui reste fidèle.

Il serait bien vain de porter incessamment la guerre dans un pays déjà aussi appauvri. Même les généraux le comprennent. Il est plus intéressant, pendant quelques années, de laisser les mains libres aux Nonais de façon que tout fructifie à nouveau, quitte à mater cette fois par la politique les mouvements de révolte qui se pourraient dessiner. Ils invitent donc le notable nonais qui les gêne, avec de grands honneurs, bien ostensibles d'abord; la frontière franchie, lui font couper la langue par un gendarme, puis établissent solennellement que le Nonais avait parfaitement droit à sa langue et même à de grands honneurs; cependant la langue ne repousse pas, la parole non plus et le notable handicapé est promptement abattu. Les Oliabaires, feignant de mal comprendre ses désirs, le costument en pitre « sur sa propre demande », le mettent, toujours sur sa propre demande (!), en compagnie de noceurs dégénérés avec lesquels il se trouve mêlé à de stupides et hideuses perversions, et l'entourent d'écriteaux où l'on relate sa noirceur, tout en feignant par magnanimité de ne pas le condamner, puisqu'il est « invité ».

Mais la résistance humaine a ses limites. Qui les connaît vous y conduit si promptement qu'on en reste stupéfait. Le malheureux, bientôt devenu une loque, meurt dans le désespoir.

Les Oliabaires se font aussi prêter par les Nonais leurs statues les plus saintes, comme entre alliés qui se veulent grand bien. Ils emportent donc avec les plus grandes marques de vénération et de respect la relique ou la statue sainte, dont ils attendent bénédiction sur tout leur pays. Mais une fois arrivés dans leurs campagnes oliabaires, les porteurs fatigués la laissent tomber, comme par hasard, dans une fosse à purin; on ne trouve pas de cordes, elle y reste un jour et une nuit, elle sort méconnaissable et puante, on la jette dans un lieu de débarras au milieu de quantité d'autres abjections qui furent les reliques et les objets les plus sacrés des Nonais.

Mais les Nonais prennent patience. Dieu ne le supportera pas indéfiniment, disent-ils. Il attend son heure.

Bien sûr, il l'attend.

LES HIVINIZIKIS

Toujours pressés, en avant d'eux-mêmes, fébriles, courant de-ci de-là, affairés, ils perdraient jusqu'à leurs mains. Impossible de leur donner une satisfaction un peu prolongée.

Enthousiastes, impétueux et « en pointe », mais toujours pour peu de temps, diplomates-papillons, posant partout des jalons qu'ils oublient, avec une police et un état-major possédant des dizaines de codes secrets extrêmement ingénieux, dont on ne sait jamais lequel appliquer, qui changent et se truquent à nouveau constamment.

Joueurs (du matin au soir occupés à jouer aux dés leur fortune, qui change de mains d'un instant à l'autre, à ne plus savoir jamais qui est l'endetté, qui le créancier), escamoteurs, combinards, brouillons, non par confusion et brume de l'esprit, mais par une multitude de clartés surgissant hors de propos, logiciens effrénés, mais criblés de fuites et de départs intuitifs, prouvant, par raisonnement, l'existence ou

la non-existence de tout ce qu'on veut, distraits
mais roublards et presque infatigables, entrant
(mais pour peu d'heures) dans le lit et le som-
meil à la fois, en sortant pareillement, comme
une porte qu'on ouvre et qu'on ferme, se fâchant
pour un rien, distraits de leur colère par moins
que rien, par mouche qui vole, affectés comme
voile à tous les vents, tout en larmes très sin-
cères au chevet du père malade, mais dès qu'il
a fermé l'œil, courant au testament, discutant
l'héritage, assis sur le lit encore chaud, l'enter-
rant en un tournemain (ça vaut mieux; sans
quoi ils l'oublieraient jusqu'à ce qu'il pue).

Se prosternant devant leurs dieux comme
mécaniques remontées à fond, des centaines
de fois, puis repartant d'un bond, sans se
retourner; aimant comme ils adorent, vite, avec
ardeur, « et puis n'en parlons plus », se mariant
sans préméditation, au hasard d'une rencontre,
sur-le-champ, et divorçant de même, travaillant
et faisant marché ou métier d'artisan en pleine
rue, dans le vent et la poussière et les ruades
des chevaux; parlant comme mitrailleuse tire;
à cheval tant qu'il se peut et au galop, ou, s'ils
sont à pied, les bras en avant, comme s'ils
allaient enfin dégager et débroussailler pour de
bon cet Univers plein de difficultés et d'inci-
dents qui se présente sans cesse devant eux.

*

Même dans la magistrature, on n'est jamais arrivé à posséder un cadre d'esprit vraiment pondéré.

Ayant à juger un criminel, le président s'énerve : « Je ne saisis pas, dit-il. Supposons que ce soit moi le criminel. » Il demande un couteau, feint le meurtre, s'agite, sort, rentre, s'enfuit, se fait arrêter par les gendarmes et il n'est pas tellement rare que l'accusé en profite pour prendre les jambes à son cou, parfois en tenue de président.

Car celui-ci prend son rôle au sérieux, se défait de sa toge de magistrat. « Je ne suis qu'un simple criminel », dit-il, et la police le roue de coups et, tellement ils se mettent dans la peau les uns des autres, on ne sait vraiment à qui on a affaire, ni de quoi il s'agit, le magistrat trop zélé est lapidé par la foule pour ce meurtre affreux, qu'il avoue et refait imprudemment. Les témoins, comme de juste, heureux de voir la chose devenir claire, jurent solennellement que c'est lui qu'ils ont vu pénétrer dans la maison du crime et réclament la mise à mort immédiate.

Une autre fois, le prévenu déclare : « Monsieur le Président, j'ai à peine serré, voyez, comme ceci. » Cependant il a déjà les mains crispées autour du cou du président, qui se retire à demi mourant et incapable de prononcer un jugement. Mais la foule, mise à bout par ce spectacle qu'elle n'a pas compris, exige que tous deux, ces maudits querelleurs, soient mis en prison pour des années. Les avocats qui ont tout compliqué sont jetés à la porte, et la salle se vide dans un tonnerre.

*

Les Hivinizikis sont toujours dehors. Ils ne peuvent rester à la maison. Si vous voyez quelqu'un à l'intérieur, il n'est pas chez lui. Nul doute, il est chez un ami. Toutes les portes sont ouvertes, tout le monde est ailleurs.

L'Hiviniziki vit dans la rue. L'Hiviniziki vit à cheval. Il en crèvera trois en une journée. Toujours monté, toujours galopant, voilà l'Hiviniziki.

Ce cavalier, lancé à toute allure, tout à coup s'arrête net. La beauté d'une jeune fille qui passe vient de le frapper. Aussitôt il lui jure un amour éternel, sollicite les parents, qui n'y font nulle attention, prend la rue entière à témoin de son amour, parle immédiatement de se trancher la gorge si elle ne lui est accordée et bâtonne son domestique pour donner plus de poids à son affirmation. Cependant passe sa femme dans la rue, et le souvenir en lui qu'il est déjà marié. Le voilà qui, déçu, mais non rafraîchi, se détourne, reprend sa course ventre à terre, file chez un ami, dont il trouve seulement la femme. « Oh! la vie! » dit-il, il éclate en sanglots; elle le connaît à peine; néanmoins elle le console, ils se consolent, il l'embrasse. « Oh, ne refuse pas, supplie-t-il, j'en suis autant dire à mon dernier soupir. » Il la jette dans le lit comme seau dans le puits, et lui, tout à sa soif d'amour, oubli! oubli! mais tout à coup il se regalvanise, ne fait qu'un bond jusqu'à la porte, son habit encore déboutonné, ou c'est elle qui s'écrie en pleurs : « Tu n'as pas dit que tu aimais mes yeux, tu ne m'as rien dit! » Le vide qui suit l'amour les projette dans son éloignement; elle fait atteler les chevaux, et apprêter la voiture. « Oh! Qu'ai-je fait! Qu'ai-je fait! Mes yeux qui étaient si beaux autrefois, si beaux, il ne m'en a même pas dit un mot! Il faut que j'aille vite voir à la ferme, si le loup n'a pas mangé un mouton; j'ai comme un pressentiment. »

Et dare-dare sa voiture l'emporte, mais non vers *ses* moutons, car ils ont tous été joués et perdus par son mari ce matin, la maison de campagne, les champs, et tout, sauf le loup qui n'a pas été joué aux dés. Elle-même a été jouée... et perdue, et la voilà qui arrive brisée chez son nouveau maître.

*

Pendant les discours de l'opposition, qu'il serait naturellement fastidieux d'écouter, un repas est offert dans le restaurant de la Chambre au chef de l'État, au doyen d'âge et aux députés de son parti.

On a toujours considéré que le chef de l'État aimait, en dehors de la carpe qui, selon lui, est au-dessus de tout, avoir à sa portée quelques éléments de distraction, tel un violon, où d'ailleurs il excelle (à la flûte il est moins bon), de la pâte à modeler de différentes couleurs, et un petit arc de salon ou des fléchettes avec lesquelles il vise la chevelure des députés.

L'invité principal, le doyen de la Chambre lui-même, disparaît fréquemment pour quelques instants, va prendre le frais, courir après un chien, jeter quelques cailloux en l'air.

Ainsi chacun fait à sa guise, sans préséance.

Mais quelque argument de l'opposition soudain trouble le repas, l'inquiète. Le chef de l'État bondit vers la porte, interrompt l'orateur, discute, la bouche encore pleine, cependant que son médecin, qui l'observait depuis quelques moments entre deux bouchées, lui trouvant je ne sais quel symptôme de maladie, veut absolument l'ausculter.

Le chef de l'État s'engage avec véhémence dans son discours, avec véhémence mais en chemise, tandis que le médecin, lui mettant la poitrine à nu, le supplie : « Respirez mieux, faites un effort, je ne vous entends pas! »

Cependant entrent les cuisiniers, chargés de viandes fumantes, ils fourrent des biscuits dans les poches amies et votent à mains levées la première loi qu'on propose. Grâce à leur appui, le parti du gouvernement l'emporte.

Le peuple, dehors, en apprenant le résultat, manifeste avec exubérance, ravi d'être sage-ment gouverné.

Une partie de la foule, venue aux félicita-tions, ne trouve que chahut et contestations. Se voyant dupée une fois de plus, elle hurle à ceux du dehors de venir promptement se venger de ses ganaches de députés.

Les femmes, aussitôt accourues, traitent ceux-ci de cocus et d'impuissants à la face de la nation.

Comme j'entrais à mon tour, curieux et interrogeant, la femme, une grande brune pleine de magnétisme, qui dirigeait les séditieux, sou-dain changeant d'idée : « Petit sot! me dit-elle avec un sourire enjôleur, viens donc, tu seras bien mieux sur ma poitrine », et elle m'entraîna dans un couloir désert.

*

Un général, aux grandes manœuvres, gagne une bataille et met l'ennemi en fuite, puis, ne sachant plus de quel camp il fait partie, se fait battre par une misérable arrière-garde ennemie qu'il croyait être à lui.

Mais un capitaine s'aperçoit de la chose avant qu'elle ne devienne catastrophe, prévient le général, rétablit la victoire, puis oublie ses hommes dans un fossé, et se jette à la poursuite d'un daim qu'il croit avoir aperçu au loin.

Les hommes, à leur tour, oublient qu'ils sont à la guerre et se font racoler par des filles ou par un cabaretier malin qui, de sa porte, les hèle et leur offre la première tournée.

Au moment de passer l'inspection, le général ne trouve plus que quelques paysans avec des fourches.

N'était la rare stratégie des Hivinizikis, ce serait bien dangereux, mais ce sont des stratèges hors ligne. Tous les gens cultivés y sont stratèges.

Ces messieurs nonchalants que vous voyez cueillant des poires dans ce verger, et s'en mettant plein la bouche, ne sont pas de simples maraudeurs. Ce sont deux colonels (du dimanche), ils attendent le résultat d'un savant mouvement qu'ils ont amorcé. Et ces colonels sont l'un acteur, l'autre prêtre.

Mais en ce jour de fête, ils se livrent à la passion nationale de la stratégie.

Quand ils ne disposent que de peu de temps, ils jouent au ballon. C'est là qu'il faut, pour

diriger les opérations, un capitaine astucieux!
Pas de ces petites mêlées comme en Europe.
Non, mais d'immenses parties, en terrain acci-
denté, avec une centaine d'hommes et sept ou
huit ballons, dont il faut faire entrer cinq dans
le goal en moins de huit minutes, et qui ont
lieu le soir de préférence.

Pas d'yeux de chats qui puissent voir à
temps les masses de joueurs qui déboulent.
On joue au son.

*

Au théâtre, les acteurs commencent par une
comédie, glissent dans le deuxième acte d'un
drame, s'engagent dans une autre pièce du
répertoire, terminent en une brillante impro-
visation.

On ne peut pas demander, il est vrai, à toutes
les troupes un pareil brio, qui exige de ceux
qui jouent un sens de l'adaptation presque
génial, et se trouve goûté en conséquence.

Mais dans quelque théâtre que vous alliez,
il y a un mouvement fou, aussi bien dans la
salle que sur scène.

Quittant la salle dès la sortie de leurs acteurs
préférés, rentrant dès qu'ils font leur rentrée
dans une des scènes suivantes, chacun suivant
ses préférences personnelles, glissant comme des
anguilles le long des rangées pleines, bondissant

au dehors comme brûlés, l'agitation créée par les spectateurs est indescriptible. Il faut y avoir été pour la connaître. Au dehors, la porte ouverte (et elle s'ouvre et se ferme continuellement comme une soupape de moteur), on entend les chevaux piaffer. Car si les Hivinizikis, entre deux actes, disposent de dix minutes, les voilà qui sautent à cheval et galopent ventre à terre à un rendez-vous.

Aussitôt revenus, ils sont à leur place, bissant et trissant de simples répliques que leurs voisins méprisent et sifflent avec autant de chaleur.

De jeunes enthousiastes montent sur scène et veulent absolument s'agenouiller devant l'héroïne, et se battent entre eux à qui l'approchera davantage.

Le drame continue, toujours vite et avant que l'agenouillé se relève dix ou quinze ans se sont passés, peut-être davantage, la jeune femme est grand'mère à présent, on vient lui apporter sa perruque blanche.

Une autre fois, entraînée par le récit de ses malheurs, dévorée de drame, elle sent le propre drame de *sa* vie s'installer en elle. Une douleur attire l'autre. Elle se croit à la mort de sa mère, elle est prise de sueurs froides, puis au départ de son amant, « tu disais que tu m'aimerais toujours, et tu es parti en emportant même les bas que tu m'avais offerts ». Et comme

si ça ne suffisait pas, voici le traître qui sort
d'une porte de carton. A ce comble d'infor-
tune, elle s'effraie avec tant d'horreur vraie
que tout le premier rang des fauteuils met la
main à la cravache. Et le jeune spectateur
amoureux ne pouvant rester ainsi dans des
transes continuelles, s'élance pour rosser le
traître. Celui-ci, quoique le prenant de haut,
est précipité sur l'orchestre, dans un grand
fracas à traces musicales.

DOVOBO, EMPEREUR
DE GRANDE GARABAGNE

Contre toute attente, Dovobo, par la mort
de son père, de sa mère, de ses frères, de ses
oncles et de douze de ses cousins, fut porté
aux fonctions, plus honorifiques d'ailleurs que
réelles, d'empereur de Grande Garabagne. (La
plupart des tribus s'abstenaient de lui remettre
aucun tribut.)

Ce sauvage n'avait jamais paru à la Cour.
Il entra dans la capitale, comme un furieux,
sur un cheval dangereux et qui paraissait dopé.

Il se laissa habiller, mécontent et muet.

A la fin de la cérémonie, ayant reçu tous les
insignes, il se leva, comme s'il allait prononcer
un discours, se rassit et poussa un profond
soupir. Il y eut parmi les courtisans quelques
murmures. Il se releva, les regarda d'un œil
qui ne disait rien de bon, se rassit et rota.

Ils se regardèrent entre eux, n'en croyant
pas leurs oreilles.

Après quelques minutes éclata sa voix vio-
lente et exaspérée : « Qu'ils se dispersent! Qu'ils

se dispersent maintenant! », et les portes du palais se refermèrent sur la Cour stupéfaite.

On voulut le conduire à la chambre à coucher impériale. « Non! » Il parcourut le palais avec deux de ses domestiques, arrachant des draps par-ci, des couvertures par-là, attrapant des coussins et des tentures qui lui plaisaient, en fit un grand tas sur le toit et s'y coucha.

Le lendemain à son réveil, il fit jeter les trônes dans l'Édoar, le trône de la salle du trône, le trône du Sénat, le trône de la salle à manger, le trône du salon des ambassadeurs, le trône de la salle du Conseil, le trône du Petit Palais, tous, sauf un petit trône en osier qu'il trouva dans le jardin, qu'il traîna dès lors partout à travers les pièces et dans le parc, le tenant à la main par un pied, sans vouloir le confier à un domestique.

Il s'installa dans le jardin, et ne le quitta plus. Il y mangeait, il y recevait, il y dormait.

Ses audiences au jardin (dans l'herbe et la terre à fourmis). Les généraux au jardin. Les diplomates au jardin, les gouverneurs au jardin.

Les portes en furent ouvertes au peuple, aux mendiants, aux gueux, à tous, ainsi que celles du grand parc.

La noblesse dégoûtée ne fit plus que de courtes apparitions.

Les fonctionnaires venaient seulement aux

signatures. (La signature de Dovobo était d'une seule lettre, mais grosse comme la paume de la main.)

D'ailleurs difficile à duper car, feignant de ne pas comprendre, il demandait continuellement un exposé plus simple, plus simple et encore plus simple, jusqu'à ce qu'on lui donnât la formule même de la vérité, ou un pur mensonge, ce qu'il voyait parfaitement; il vous clouait alors d'un mot crapuleux.

Haï par les Grands qu'il heurtait constamment, téméraire dans le je m'enfichisme, sans escorte, sans gardes, dormant avec deux ou trois femmes, prises selon sa fantaisie, comment ne fut-il pas poignardé dès le lendemain de son intronisation? C'est un miracle.

Mais le peuple, à qui le jardin restait ouvert la nuit, veillait sur lui, garde spontanée, enthousiaste, toujours grossissante, grâce aux libéralités de Dovobo et à sa liberté d'allure.

Son indifférence à la mort, qui semblait cacher quelque redoutable mystère, le préserva sans doute davantage.

Après huit jours passés de la sorte, Dovobo se rendit à Kivni, non assurément pour le viceroi et sa Cour (encore plus policée et méticuleuse que celle de la capitale), mais pour les admirables chasses en forêt qu'on trouve dans les environs.

Aussitôt arrivé, le vice-roi lui déplut.

Au long discours de bienvenue, il répondit seulement : « Bien ! Bien ! Bien ! », goguenard et grognon.

Le vice-roi, froissé et blême, ne dit pas un mot.

On se mit à table. Dovobo ne se servait pas, regardait ailleurs. Subitement, se tournant vers le vice-roi : « Les oreilles me cornent de tout ce que tu me dis. » Le vice-roi ne répondit pas.

Un air mauvais chez Dovobo prit la place de l'air désinvolte.

Comme on lui passait un dindon appétissant sur un gros plat de cuivre, il se saisit du plat et, d'une main, le tordit et le plia comme il eût fait d'une pantoufle, envoyant la sauce en jet sur la table, cependant que le dindon dégringolait gauchement.

Sa force fit pâlir ; et, lui-même, pâle de l'effort fourni, et se croyant insulté par le silence profond qui s'était établi, repoussa son fauteuil, quitta la salle, demanda de l'encre, et en versa un flot sur la toque d'un laquais, avec quoi il écrivit sur la grande porte du palais en lettres comme des pains :

MAISON MAUDITE !

Signé : Dovobo.

Puis il partit avec toute sa suite, et fit dresser ses tentes aux portes de Kivni.

Là, il convoqua vingt nobles, pris au hasard. Il y en eut mille qui prirent peur. Deux heures après, nobles, femmes, présents, chevaux, serviteurs, encombraient les routes dans la direction de son camp.

Il reçut les présents et distribua les siens, largement, cordialement, s'informa des chasses les plus proches, et partit aussitôt avec ceux qui se trouvèrent disposés à chasser. Il chassa trois jours entiers sans se reposer, éreintant et semant tous ses compagnons.

Le quatrième jour au matin, il revenait seul, et si fatigué qu'il dormait sur son cheval. Trois javelots dans le dos, dont l'un le perça de part en part, le réveillèrent.

Il chercha ses agresseurs; ne les voyant pas, il tourna bride, reprit le chemin de la forêt, un grand cerf sortit d'un fourré, l'instinct de la chasse le reprit. Il déploya un énorme effort, souleva sa lance et vigoureusement la lui planta dans le flanc. Le grand cerf tomba, mais Dovobo, par son geste large, le javelot en lui s'étant déplacé, s'était lui-même tué.

Le cerf et lui durent mourir sensiblement en même temps; lui, Dovobo, au matin de son dix-septième jour de règne.

Après lui, il n'y eut plus d'Empire. On y renonça tout naturellement.

En Grande Garabagne, on est conduit par le tempérament de la race plutôt que par des chefs.

Février 1936.

Au pays de la magie

Entourant le pays de la Magie, des îlots minuscules : ce sont des bouées. Dans chaque bouée un mort. Cette ceinture de bouées protège le pays de la Magie, sert d'écoute aux gens du pays, leur signale l'approche d'étrangers.

Il ne reste plus ensuite qu'à les dérouter et à les envoyer au loin.

*

On voit la cage, on entend voleter. On perçoit le bruit indiscutable du bec s'aiguisant contre les barreaux. Mais d'oiseaux, point.

C'est dans une de ces cages vides que j'entendis la plus intense criaillerie de perruches de ma vie. On n'en voyait, bien entendu, aucune.

Mais quel bruit! Comme si dans cette cage s'en étaient trouvées trois, quatre douzaines :

« ... Est-ce qu'elles ne sont pas à l'étroit dans cette petite cage? » demandai-je machinalement, mais ajoutant à ma question à mesure que je me l'entendais prononcer une nuance moqueuse.

« Si..., me répondit son maître fermement, c'est pourquoi elles jacassent tellement. Elles voudraient plus de place. »

*

Cette goutte d'eau est plus sensible qu'un chien. Elle s'attache. Les enfants jouent avec. Elle est facilement mélancolique si on ne s'occupe pas d'elle. La coupe-t-on, elle se défait et meurt. Les insectes d'eau s'en écartent. Curiosité ou méchanceté, il est des jeunes garçons pour s'amuser à la tuer.

Si la méchanceté est le mobile, gare au coup de frein (voir chapitre du coup de frein).

*

Sur une grande route, il n'est pas rare de voir une vague, une vague toute seule, une vague à part de l'océan.

Elle n'a aucune utilité, ne constitue pas un jeu.

C'est un cas de spontanéité magique.

*

Marcher sur les deux rives d'une rivière est au contraire un exercice, d'ailleurs pénible.

Assez souvent l'on voit ainsi un homme (étudiant en magie) remonter un fleuve, marchant sur l'une et l'autre rive à la fois : fort préoccupé, il ne vous voit pas. Car ce qu'il réalise est délicat et ne souffre aucune distraction. Il se retrouverait bien vite, seul, sur une rive et quelle honte alors!

*

Un costume a été conçu pour prononcer la lettre « *R* ». Ils ont aussi un costume pour prononcer la lettre « *Vstts* ». Pour le reste on peut s'en tirer, à l'exception toutefois de la lettre « *Khng* ».

Mais il y a le prix considérable de ces trois costumes. Beaucoup de gens n'ayant pas les moyens de les acheter ne peuvent au passage de ces lettres, que bredouiller; ou bien c'est qu'ils sont très, très forts en magie.

*

Vous voyez souvent dans le soir, des feux dans la campagne. Ces feux ne sont pas des feux. Ils ne brûlent rien du tout. A peine, et encore en faudrait-il un terriblement ardent, à peine un fil de la vierge passant en plein centre serait-il consumé.

En effet, ces feux sont sans chaleur.

Mais ils ont un éclat dont rien n'approche dans la nature (inférieur cependant à celui de l'arc électrique).

Ces embrasements charment et effraient, sans aucun danger d'ailleurs, et le feu cesse aussi brusquement qu'il était apparu.

*

J'ai vu l'eau qui se retient de couler. Si l'eau est bien habituée, si c'est votre eau, elle ne se répand pas, quand même la carafe se casserait en quatre morceaux.

Simplement elle attend qu'on lui en mette une autre. Elle ne cherche pas à se répandre au dehors.

Est-ce la force du Mage qui agit?

Oui et non, apparemment non, le Mage pouvant n'être pas au courant de la rupture de la carafe et du mal que se donne l'eau pour se maintenir sur place.

Mais il ne doit pas faire attendre l'eau pendant trop de temps, car cette attitude lui est inconfortable et pénible à garder et, sans exactement se perdre, elle pourrait s'étaler.

Naturellement, il faut que ce soit votre eau et pas une eau d'il y a cinq minutes, une eau qu'on vient précisément de renouveler. Celle-là s'écoulerait tout de suite. Qu'est-ce qui la retiendrait?

*

Des portes battent sous l'eau.

Il faut savoir les entendre. Ainsi l'on peut connaître son avenir, le proche, celui de la journée. Ce que savent remarquablement faire les voyantes qu'on rencontre au bord de la mer, en espoir de clientèle.

Par avance, elles entendent battre toutes les portes par lesquelles vous passerez ce jour-là, quelque nombreuses démarches que vous fassiez, et voient les gens rencontrés de l'un de l'autre côté des portes et ce qu'ils vont dire et décider.

C'en est stupéfiant.

L'on croit jusqu'à la nuit vivre une journée déjà vécue.

*

Quelqu'un parle. Tout à coup le voilà pris d'un éternuement irrépressible, éclatant, que rien ne laissait prévoir. Les Auditeurs comprennent : « On lui a pincé la corde », pensent-ils, et ils s'éloignent en riant. Ces rappels intérieurs, infligés par les Mages, vont jusqu'au spasme, à la contracture, à l'angine de poitrine.

Ils appellent ça « *pincer la corde* ». On dit aussi, sans plus d'explications : « On la lui a fort pincée. »

On a vu des gens à l'agonie à qui il ne manquait rien, sauf qu'on « LA » leur pinçait sérieusement.

*

Les Mages aiment l'obscurité. Les débutants en ont un besoin absolu. Ils se font la main, si je puis dire, dans les bahuts, les penderies, les armoires à linge, les coffres, les caves, les greniers, les cages d'escaliers.

Pas de jour chez moi qu'il ne sortît du placard quelque chose d'insolite, soit un crapaud, soit un rat, sentant d'ailleurs la maladresse et qui s'évanouissait sur place sans pouvoir détaler.

On y trouvait jusqu'à des pendus, de faux bien entendu, qui n'avaient même pas la corde de vraie.

Qui peut soutenir qu'on s'y fasse à la longue? Une appréhension me retenait toujours un instant, la main indécise sur la poignée.

Un jour, une tête ensanglantée roula sur mon veston tout neuf, sans d'ailleurs lui faire une tache.

Après un moment — infect — à ne jamais en revivre un pareil — je refermai la porte.

Il fallait que ce fût un novice, ce Mage, pour n'avoir pas pu faire une tache sur un veston si clair.

Mais la tête, son poids, son allure générale, avait été bien imitée. Je la sentais déjà avec une épouvante écœurée me tomber dessus quand elle disparut.

*

L'enfant, l'enfant du chef, l'enfant du malade, l'enfant du laboureur, l'enfant du sot, l'enfant du Mage, l'enfant naît avec vingt-deux plis. Il s'agit de les déplier. La vie de l'homme alors est complète. Sous cette forme il meurt. Il ne lui reste aucun pli à défaire.

Rarement un homme meurt sans avoir encore quelques plis à défaire. Mais c'est arrivé. Parallèlement à cette opération l'homme forme un noyau. Les races inférieures, comme la race blanche, voient plus le noyau que le dépli. Le Mage voit plutôt le dépli.

Le dépli seul est important. Le reste n'est qu'épiphénomène.

*

La plupart des gens, ce qu'ils font de plus clair, c'est de ronger leur double. Au pays des Mages, ce n'est point autorisé, on vous les châtie sévèrement, il faut bien qu'ils s'amendent au plus tôt.

*

Le bossu? Un malheureux, inconsciemment obsédé de paternité (assez porté sur la chose, comme on sait, mais c'est la paternité qui le démange le plus, prétendent-ils).

Pour le soulager, on lui sort de sa bosse un autre bossu, un tout petit.

Étrange tête-à-tête, quand ils se regardent pour la première fois, le vieux soulagé, l'autre déjà amer et chargé de l'accablement de l'infirme.

Les bossus qu'on leur sort ne sont pas de vrais bossus, inutile de le dire, ni de vrais petits, ni de vrais vivants. Ils disparaissent après quelques jours sans laisser de traces.

Mais le bossu s'est redressé et ce n'est pas le moindre miracle.

D'ailleurs, le choc est indispensable. Le choc premièrement importe; la galvanisation de l'individu, qui d'abord en est tout tremblant.

Au contraire, si le bossu regarde avec indifférence le petit être sorti de sa bosse, l'effort est perdu.

Vous pouvez lui en sortir deux douzaines que ce serait sans aucun résultat, sans la moindre amélioration pour lui.

Que dire? C'est là un vrai, un parfait bossu.

*

Un moribond a toujours deux doigts. Mais il n'en a plus que deux, deux qui s'accrochent encore, deux qu'il faut soigner, masser, ranimer, car s'ils lâchent tout est fini. Personne ne sauvera plus ce malade quand même on lui retirerait la racine de son mal. Sa dernière nuit s'écoule. Il n'arrivera plus à la corne du jour.

*

Tout à coup on se sent touché. Cependant rien de bien visible contre soi, surtout si le jour n'est plus parfaitement clair, en fin d'après-midi (heure où *elles* sortent).

On est mal à l'aise. On va pour refermer portes et fenêtres. Il semble alors qu'un être véritablement dans l'air, comme la Méduse est dans l'eau et faite d'eau à la fois, transparent, massif, élastique, tente de repasser par la fenêtre qui résiste à votre poussée. Une Méduse d'air est entrée!

On tente de s'expliquer naturellement la chose. Mais l'insupportable impression augmente affreusement, l'on sort en criant « Mja! » et l'on se jette en courant dans la rue.

*

Ne plus passer par le veau pour le foie de veau. Ne plus former des veaux. Ne plus avoir à les mener brouter, à les faire naître, à les tuer, ne plus avoir à faire apparaître et disparaître des personnalités de veaux.

Une seule et unique fois, il y a longtemps déjà, on tua un veau — on recueillit son foie, on le cultiva, lui trouva un milieu convenable et maintenant il se développe en masses infinies.

Le foie a ses ennemis qui l'empêchent de croître, de se développer (le pire est le veau qui ne songe qu'à soi), il a ses propres poisons contre lesquels le veau lui-même lutte beaucoup, beaucoup, sans cesse et mal, mal, n'étant qu'un veau.

Un Mage ne doit-il pas en savoir plus qu'un veau? Ainsi des pommes, du blanc de poulet, des figues, de tout. Finis pommiers, figuiers (sauf pour l'ornement, l'instruction, pour la liberté de la nature), on ne passe plus par eux. On fait, après un premier ensemencement, de la chair de pomme, de poulet, de tout ce qui croît et vit.

Droit à la chair! La chair qu'ils ne savaient ou ne voulaient pas cultiver. On la leur retire. Et aux Mages maintenant!

*

Quoiqu'ils sachent parfaitement que les étoiles sont autre chose que des lumières considérables sur l'apparence du ciel, ils ne peuvent s'empêcher de faire des semblants d'étoiles pour plaire à leurs enfants, pour se plaire à eux-mêmes, un peu par exercice, par spontanéité magique.

Celui qui n'a qu'une petite cour, lui fait un plafond fourmillant d'étoiles qui est la chose la plus belle que j'aie vue. Cette pauvre cour, entourée de murs fatigués au point de paraître plaintifs, sous ce ciel personnel, étincelant, grondant d'étoiles, quel spectacle! J'ai souvent réfléchi et tenté de calculer à quelle hauteur pouvaient bien se trouver ces étoiles; sans y arriver, car si quelques voisins en profitent, leur nombre est peu considérable et ils les voient assez floues. Par contre elles ne passent jamais *sous* un nuage.

Toutefois, j'ai remarqué qu'on prenait grand soin de leur éviter les environs de la lune, par crainte sans doute de les faire passer devant par distraction.

Il paraît que plus que toute autre manifestation de force magique, celle-ci excite l'envie et les désirs. Les voisins luttent, luttent hargneusement, essaient de souffler les étoiles d'à côté. Et des vengeances sans fin s'ensuivent.

*

Parmi les personnes exerçant de petits métiers, entre le poseur de torches, le charmeur de goitres, l'effaceur de bruits, se distingue par son charme personnel et celui de son occupation, le Berger d'eau.

Le Berger d'eau siffle une source et la voilà qui se dégageant de son lit s'avance en le suivant. Elle le suit, grossissant au passage d'autres eaux.

Parfois il préfère garder le ruisselet tel quel, de petites dimensions, ne collectant par-ci par-là que ce qu'il faut pour qu'il ne s'éteigne pas, prenant garde surtout lorsqu'il passe par un terrain sablonneux.

J'ai vu un de ces bergers — je collais à lui, fasciné — qui, avec un petit ruisseau de rien, avec un filet d'eau large comme une botte, se donna la satisfaction de franchir un grand fleuve sombre. Les eaux ne se mélangeant pas, il rattrapa son petit ruisseau intact sur l'autre rive.

Tour de force que ne réussit pas le premier ruisseleur venu. En un instant les eaux se mêleraient et il pourrait aller chercher ailleurs une nouvelle source.

De toute façon, une queue de ruisseau forcément disparaît, mais il en reste assez pour baigner un verger ou emplir un fossé vide.

Qu'il ne tarde point, car fort affaiblie elle est prête à s'abattre. C'est une eau « passée ».

*

Ils disposent pour la construction des routes d'un pinceau à paver.

Ils ont encore un pinceau à bâtir. Pour les endroits éloignés, ils ont même un fusil à bâtir. Mais il faut savoir viser bien juste, bien juste. En dire la raison est superflu. Qui aimerait attraper un toit sur la tête?

*

Si l'on pouvait, disent-ils, débarrasser des eaux tous les poissons-aiguilles, le bain serait une chose si ineffablement délicieuse qu'il est bon même de n'y pas songer, car cela ne sera jamais, jamais.

Pourtant ils essaient. Ils usent dans ce but d'une canne à pêche.

La canne à pêche pour la pêche du poisson-aiguille doit être fine, fine, fine. Le fil doit être absolument invisible et descendre lentement, imperceptiblement dans l'eau.

Malheureusement le poisson-aiguille lui-même est à peu près complètement invisible.

*

Une de leurs épreuves-types : le fagot de
serpents. Il donne droit au béret de deuxième
degré. Le candidat à l'obtention du deuxième
béret magique doit aller chercher le serpent.
Tout serpent est réputé convenable. Aucun ne
doit être rejeté. Il en est de venimeux, il en
est qui ne peuvent s'entre-souffrir. Il en est
de petits et de grands. Dois-je rappeler qu'ils
sont glissants, qu'ils tendent à s'enrouler sur
eux-mêmes (défendu!) et les uns aux autres
(défendu!).

Un bon fagot bien ferme, attaché par trois
brins de ficelle ou d'osier, voilà ce qu'il doit
rapporter.

Telles sont les difficultés pour l'obtention du
béret du deuxième degré. Sans une emprise
sur les serpents, pas de magie. Si le candidat
est reçu, on lui renvoie le double de sa tête
formé par magie. Sinon c'est un melon.

*

Là les malfaiteurs, pris en flagrant délit, ont
le visage arraché sur-le-champ. Le Mage bour-
reau aussitôt arrive.

Il faut une incroyable force de volonté, pour
sortir un visage habitué comme il est, à son
homme.

Petit à petit, la figure lâche, vient.

Le bourreau redouble d'efforts, s'arc-boute, respire puissamment.

Enfin, il l'arrache.

L'opération étant bien faite, l'ensemble se détache, front, yeux, joues, tout le devant de la tête comme nettoyé par je ne sais quelle corrosive éponge.

Un sang dru et sombre sourd des pores partout généreusement ouverts.

Le lendemain, un énorme, rond caillot croûteux s'est formé qui ne peut inspirer que l'épouvante.

Qui en a vu un se le rappelle à tout jamais. Il a ses cauchemars pour se le rappeler.

Si l'opération n'est pas bien faite, le malfaiteur étant particulièrement robuste, on n'arrive à lui arracher que le nez et les yeux. C'est déjà un résultat, l'arrachage étant purement magique, les doigts du bourreau ne pouvant en effet ni toucher ni seulement effleurer le visage à retirer.

*

Mis au centre d'arènes parfaitement vides, le prévenu est questionné. Par voie occulte. Dans un profond silence, mais puissamment pour lui, la question résonne.

Répercutée par les gradins, elle rebondit,

revient, retombe et se rabat sur sa tête comme ville qui s'écroule.

Sous ces ondes pressantes, comparables seulement à des catastrophes successives, il perd toute résistance et confesse son crime. Il ne peut pas ne pas avouer.

Assourdi, devenu une loque, la tête douloureuse et sonnante, avec la sensation d'avoir eu affaire à dix mille accusateurs, il quitte les arènes, où ne cessa de régner le plus absolu silence.

*

Ce n'est pas chez eux que l'on rencontrerait des Néron, des Gilles de Rais. Le temps de se former leur aurait manqué.

Il y a un conseil permanent, chargé de détecter l'éveil des forces dangereuses.

Une enquête est menée. Elle peut aller jusqu'à la cérémonie de « l'*Horoscope par les astres disparus* ».

Cet horoscope est presque toujours défavorable. Vient donc le coup de frein (occulte).

L'Homme tombe. Ne sachant ce qui lui arrive, serrant tantôt sa tête, tantôt son ventre, son bas-ventre, ses cuisses ou ses épaules, il hurle, il se désespère, il est au comble de la détresse : *on vient de le prendre à lui-même.*

Angoisse indescriptible; intolérable aussi. Le

suicide est habituel dans les trois heures qui suivent.

*

Saignant sur le mur, vivante, rouge ou à demi infectée, c'est la plaie d'un homme; d'un Mage qui l'a mise là. Pourquoi? Par ascèse, pour en mieux souffrir; car, sur soi, il ne pourrait s'empêcher de la guérir grâce à son pouvoir thaumaturgique, naturel en lui, au point d'être totalement inconscient.

Mais, de la sorte, il la garde longtemps sans qu'elle se ferme. Ce procédé est courant.

Étranges plaies qu'on rencontre avec gêne et nausée, souffrant sur des murs déserts...

*

Ils apprécient plus justement la valeur d'un homme, une fois mort. Débarrassé de ses trucs, de son chantier (le corps), il se montre enfin à découvert, prétendent-ils.

Ce qui se fait de sensationnel a toujours été l'œuvre des défunts. Toutefois, il faut faire vite. Une dizaine d'années après la mort (dix-huit ou vingt pour les tempéraments exceptionnels) le mort s'éteint. Question d'amour-propre pour les Mages de survivre le plus possible. Mais les forces de désagrégation agissent

aussi, fortement, inexorablement. Les vents
de l'au-delà ont enfin raison d'eux et on ne
peut plus compter pour des actes remarquables
que sur des morts plus récents.

Tout le monde n'est pas Mage. Il est des
morts embarrassés, malades. Il en est qui de-
viennent fous. Ici entrent en scène les *Psy-
chiatres pour morts*. Leur tâche est d'orienter
les malheureux, de les guérir des troubles que
la mort leur apporta.

Cette profession demande beaucoup de déli-
catesse.

*

« Le père de trois tigres ne pourra pas sortir la
nuit. En tout temps il devra porter des gants; il
ne sera pas autorisé à sauter, à courir, à sortir le
soir ou l'après-midi, mais seulement le matin. »
(On suppose que le matin il ne pourra retrouver
ses enfants auxquels il ne manquerait pas de
donner les adresses des personnes qu'il désire voir
dévorées.) Ainsi est rédigée l'inscription, une des
plus anciennes, et moins riche, semble-t-il, de
magie que de superstition.

N'empêche que si le père arrive à commu-
niquer l'adresse de la victime, c'est comme si
elle était déjà emportée dans la gueule du tigre,
à moins que le soir même elle ne déménage.
Mais on veut espérer. On veut croire que

l'adresse donnée était incorrecte, que c'était celle d'un voisin.

Par ces beaux raisonnements l'on reste chez soi, gardant sa proie au tigre affamé.

*

Vieil usage que de téter la terre avant de parler. Ce qu'on perd en rapidité, on le gagne en réflexion, en humilité, en un je ne sais quoi à la fois grandiose et approprié.

Se souvenir qu'on a affaire avec eux à une civilisation de la Terre. Une des seules, la seule même qui vécut souterrainement son âge d'or; source vraisemblable de leurs forces magiques.

Encore maintenant, la règle générale est de passer l'âge mûr sous Terre (plus exactement, la fin de l'âge mûr). Ainsi l'on reprend opportunément des forces pour la vieillesse qui doit être l'âge de la libération.

*

Le poseur de deuil vient à l'annonce de la mort, assombrit et attriste tout, comme le veut son métier, de taches et de cendres magiques. Tout prend un aspect vermineux, pouilleux, d'une désolation infinie, si bien qu'au spectacle laissé après son départ, les parents et les amis ne peuvent que pleurer, envahis d'une tristesse et d'un désespoir sans nom.

Cette sage mesure a été adoptée et le métier créé afin que l'endeuillement soit vraiment irrésistible, et que les proches n'aient pas à se forcer pour paraître affligés. Ils le sont, ils le sont extrêmement au point que s'exhortent entre eux les sans-cœur : « Ce ne sont que deux jours à passer, disent-ils, prenons courage, cela ne durera pas. »

En effet, deux jours plus tard, on rappelle le poseur de deuil qui enlève par son charme l'horreur et la désespérance que ses obligations l'avaient conduit à distribuer, et la famille soulagée reprend un air naturel.

*

C'est la dent du marbre qu'il importe de chercher. Une fois trouvée, le reste vient tout seul, sans effort, le bloc pierreux pesât-il deux tonnes : le marbre est pris. Ce que ne savent pas toujours les ouvriers et les sculpteurs d'Europe et qui est cause qu'ils travaillent parfois une roche entière sans résultat. Mais voilà, et c'est tellement délicat, il faut trouver la *dent* du marbre.

*

Contre les Hassais qui s'approchaient trop souvent des côtes de leur pays, ils employèrent des escadrons d'eau. Ils n'eurent pas à intervenir autrement, les pirogues et leurs occupants y étant restés.

Les petits bateaux et même de grands, s'ils ne sont pas parfaitement pontés, sont détruits.

La différence entre les vagues naturelles et celles-là est que les premières, même poussées par le vent, simplement déferlent, tandis que les secondes bondissent, et se jettent, entières, sur et dans les embarcations qu'elles emplissent, chavirent, et mettent en pièces.

L'effet d'épouvante suffirait quand il n'y en aurait pas un autre plus matériel. On s'attend — comment s'en empêcher? — à quelque énorme monstre qui va surgir du fond des eaux et achever la dévastation.

*

Les trois marées diurnes du corps humain constituent le secret de leur civilisation, leur maître-trésor.

« En cela, disent-ils, nous sommes les seuls à avoir dépassé l'animalité. » De quoi en effet découlent magie, réduction et quasi-disparition du sommeil, voyance, condensation de forces psychiques, de telle manière qu'ils ne sont plus à la merci de fatigues, blessures et autres accidents qui prennent les autres hommes au dépourvu.

Ces marées étant leur secret, j'en parlerai peu.

La première marée est de loin la plus importante, la plus complexe, comme étant préformée par la nuit. Ensuite, vient la troisième qui est la plus haute. De la deuxième, je sais seulement ce qu'on en dit constamment, savoir : « Apportez, quand elle emporte; emportez, quand elle apporte. »

La nuit, contrairement à ce que je croyais, est plus multiple que le jour et se trouve sous le signe des *rivières souterraines*.

*

Un plafond, un toit, pour eux c'est surtout une affaire de décision. Un jour, pendant une forte pluie, une de ces formidables décongestions atmosphériques, comme on n'en trouve que là et dans les tropiques, je vis dans un champ, près de la route, un homme, assis, en plein air, au sec, tandis que la pluie crépitant sans raison apparente à un mètre au-dessus de lui allait s'écouler un peu plus loin; exactement comme s'il y avait eu un abri·solide, alors qu'il n'y en avait pas l'ombre.

Je ne voulus pas le distraire et passai mon chemin. Quoique je le connusse je ne soufflai mot, lui non plus. Pas davantage dans la suite. Et, si je ne me trompe, on m'eut en plus grande estime depuis ce jour. Mes éternelles questions les ennuyaient beaucoup parfois.

*

L'Estomac (la province-estomac) fut employé contre des ennemis venus de l'ouest. Plutôt que des envahisseurs à proprement parler, il semble que ce furent les indigènes des montagnes, aujourd'hui complètement disparus.

Descendant dans la plaine, ces hommes des montagnes eurent à traverser une rivière. Ils eurent les pieds digérés. Plus loin, ils subirent une pluie assez forte, elle s'attaqua à eux aussitôt, rongeant chairs et étoffes.

Toute la région devant eux avait été transformée en estomac : telle est la vérité.

L'air humide les dévorait. La peau par grandes plaques partait et la chair dessous se creusait rapidement. La poussière même qu'ils soulevaient était contre eux. Mêlée à leur sueur, elle les attaquait. Mangés, non d'une lèpre, mais des sucs atroces de l'Estomac, ils périrent presque tous.

*

La température, au moins dans les mageries, et dans leur voisinage, la température est exclusivement magique. Que le vent souffle

de l'est ou de l'ouest, de la montagne ou de
la mer, cela n'a aucune importance. On vous
le fait reculer, s'en retourner et vivement.
Qu'il s'en aille travailler et souffler ailleurs.
Nul besoin de ce grand braque. On a des petits
vents locaux à parcours réduit, depuis six
mètres de long pour les extérieurs, quatre-vingts
centimètres pour les pièces fermées.

Sur les grandes places l'on trouve couram-
ment quarante à cinquante vents. C'est profit
et agrément pour tous, et jamais je ne travaillai
si bien que dans leurs appartements-cavernes
spécialement étudiés pour l'étude avec une dou-
zaine de vents sur la tête.

Ce passé est un de mes regrets. A présent
en Europe, persiste encore parfois l'illusion.
Quelques instants, il me semble reconnaître un
petit vent. Mais non, aucun! Il m'en faudra
attendre un, long et interminable, qui, parti
de Scandinavie ou d'Afrique, interminablement
soufflera sur des millions d'autres hommes qui
du reste ne savent pas mieux.

Les villes — si je puis appeler villes leurs
agglomérations si spéciales — sont un vrai
puzzle de vents.

Il est bien entendu que chaque grand Mage
a *son* vent. Serait bien insolent et d'ailleurs
mal avisé — car il lui en cuirait aussitôt —
qui voudrait passer avec son vent à lui au tra-
vers du sien.

Un mot encore des carrefours, quoique j'en aie
déjà parlé. Là, on vous a des vents! Il faut y
avoir été. C'est tout pétillant, tout pétillant.
Nulle part une telle sensation de vive vie.

*

Ce qu'il y a de plus intéressant dans le pays,
on ne le voit pas. On peut être sûr de ne pas
l'avoir vu. Ils l'entourent de brouillards. Ainsi
m'est restée inaccessible, invisible, la Capitale
Fédérale, quoiqu'on m'en ait indiqué je ne sais
combien de fois le chemin et que j'aie été une
semaine assurément presque à la toucher.

Ils ont sept sortes de brouillards (je parle des
principaux) et il suffit du troisième pour vous
empêcher de voir le propre cheval que vous
montez. Le suivant est si consistant que l'on
se croirait pris dans une avalanche de sable
blanc. Pour savoir si ce sont de vrais brouillards,
observez s'ils suivent le vent. Sinon, ce sont
des brouillards de magie. Mais il se peut que le
vent aussi soit magique. Je le dis parce que
cela paraît une objection. En fait, un Mage ne
produit pas à la fois brouillard et vent, la rai-
son m'en étant du reste inconnue.

Leur brouillard suffirait à rendre fou. Cette
absence complète de repères... on voit une
feuille, une patte, un museau, mais impossible
de reconnaître l'arbuste, l'animal.

Un certain Kal dont j'avais la confiance me prêta ses lunettes contre le brouillard. Il devait avoir quelque défaut de la vue, car les êtres, les choses m'apparurent dans un tel bouillonnement, que j'en fus tout désorienté. Maussade, je lui remis ses lunettes. J'aurais dû les garder.

*

Faut-il que même en ce pays de magie, les villes qui pourtant m'attirent, me soient insupportables? J'enrageais, je m'affolais, je regrettais de n'être plus enfant pour avoir encore le droit de crier, pleurer, taper du pied, me plaindre à quelqu'un. Que faire? Je n'entendais que réclamations :

« On vous a téléphoné. On vient de vous téléphoner (ou dois-je dire « télécommuniquer »)? On vous a fait retéléphoner... Que signifie?... Pourquoi n'avez-vous pas répondu? »

Tellement ils ne peuvent se figurer qu'on n'entende pas leurs messages occultes, qu'on ne lise pas sur un mur, des mots en capitales, soulignés trois fois.

Au comble de l'exaspération, la tête bourdonnante de tout ce que je sentais en train, sans pouvoir le démêler, infirme ridicule, quand la clairvoyance courait les rues, parfois j'essayais de deviner, comme on fait à la roulette. Comme à la roulette je perdais. Quelle nausée! Et je

repartais pour la campagne, honteux, envieux,
méchant.

*

En général ils vivent en paix avec les ani-
maux, les lions mêmes ne se préoccupant pas
le moins du monde d'eux. Il arrive cependant
que, rendus furieux pour quelque raison, par
faim, ils s'emparent d'un homme. On peut bien
croire qu'un Mage ne se laisse pas faire par un
simple lion, mais un faible garçon peut être
surpris. Ce qu'il fait alors, ne pouvant se
défendre? Il s'identifie avec le lion. A travers
sa faiblesse, il est possédé d'une joie tellement
forte, d'un plaisir de dévoration si exorbitant,
qu'un adolescent qu'on avait retiré de la gueule
du lion se mit à pleurer.

« Pourquoi m'avez-vous retiré du comble du
bonheur, dit-il à ses sauveurs, alors que j'étais
occupé à dévorer un misérable... »? Car il se
croyait toujours lion; mais observant qu'il par-
lait, et à qui, il s'aperçut de son erreur et se
tut, gêné.

Mais on le comprenait, on l'excusait. Cette
joie est si formidable, dont on l'avait frustré,
joie qui s'arrête à peine au seuil de la mort.

*

Les mauvais ménages constituent un danger
magique et l'on a vu toutes les habitations d'un

village tomber en poudre, consumées par la
violence des sentiments hostiles d'un mari pour
sa femme, sentiments qu'il essayait peut-être
lui-même de se dissimuler jusque-là, quand, le
village s'écroulant en poussière, il dut se rendre
à l'évidence.

*

Pas de rire avant midi.

Interdiction sévère, suivie sans beaucoup de
mal car on y rit peu, le rire, comme également
la volubilité, étant accusé de décharger le réser-
voir de forces magiques.

*

Un crapaud vaut deux guêpes.

Des guêpes pourtant plus grandes que celles
d'Europe. Leur vol rapide, étincelant. Elles
tuent les moineaux en plein vol. Posés, ils se
trouvent à l'abri, mais elles les asticotent jusqu'à
ce qu'ils reprennent leur vol.

Elles filent dessus et les piquent au ventre.
Le long dard traverse sans fléchir les duvets
légers. Les cris perçants, perçants, si particuliers,
qu'on entend parfois et qui vous jettent à la
fenêtre, ce sont les cris d'un oiseau frappé
douloureusement. Il tombe peu après, extrême-
ment gonflé, et, jusqu'à ce que la mort sur-

vienne, une dizaine de minutes plus tard, à peine s'il bouge.

Le venin de la guêpe est employé en magie noire. Le venin du crapaud lui est supérieur quoique plus froid. Il se mêle mieux à la nourriture, porte mieux la malédiction, sémble presque « obéir ».

*

Il vous arrive parfois dans l'obscurité d'apercevoir les soubresauts d'une sorte de manchon lumineux d'assez grande taille.

Ce que vous voyez ainsi, c'est une colère.

Vous ne tarderez pas, si vous approchez, à voir le Mage lui-même.

Je ne voudrais pas toutefois vous le conseiller.

*

Il lui crache son visage au mur.

Le fait énoncé ici est en relation avec ce que je dis ailleurs de la capsule. Cet acte de mépris signifie qu'on ne veut avoir aucune relation avec l'individu, qu'on ne veut pas une trace de lui sur soi. On la rejette donc publiquement.

Le Mage recrache sur le plus proche mur, le visage détesté, rendu hideux, quoique parfaitement reconnaissable et vrai, et le Mage s'en va sans mot dire. Le visage reste un temps sur le mur, puis il s'empoussière.

*

Le Mage Ani prétend pouvoir prélever le pshi... de la femme qu'il recherche (le pshi n'est pas le double), l'attirer à lui. D'un pshi on peut se passer quelque temps; elle ne s'aperçoit pas d'abord de la perte, mais ensuite il caresse le pshi, et petit à petit quoique sans rien sentir que de vague, la femme approche de l'endroit où se trouve déjà son pshi. Et plus elle avance, mieux elle se sent, jusqu'à ce qu'elle coïncide sans le savoir avec lui. Et sur ces entrefaites, l'amour de l'homme est déjà en elle.

*

Il se forme, disent-ils, en la plupart des gens qui regardent un paysage, une capsule. Cette capsule n'est pas si petite qu'on croit.

Cette capsule est le médium entre le paysage et le contemplateur. Si le contemplateur pouvait arracher cette capsule et l'emporter il serait heureux incommensurablement, il conquerrait le paradis sur terre.

Mais il y faut une délicatesse extrême, une force prodigieuse et savoir ce qu'on fait. C'est comme arracher d'un coup un arbre avec toutes ses racines. Les petits malins qui usent un peu partout de moyens mnémotechniques, de représentations graphiques, de comparaisons, d'analyses et de brutalités sur la matière observée, non seulement ne savent pas de quoi je viens de parler, mais ils ne peuvent absolument se rendre compte de la simplicité merveilleuse et presque enfantine de cette opération qui vous mène simplement au seuil de l'extase.

*

En ouvrant un œuf à la coque j'y trouve une mouche.

Du tiède jaune de l'œuf non coagulé, elle sortit, frotta ses ailes avec peine et s'envola lourdement.

Quelqu'un avait dû me faire cette plaisanterie. Dois-je en faire mention ici? Est-ce digne du nom de Magie?

*

J'entendis ce dialogue. La femme se coiffait quelques minutes avant que dût venir la prendre la voiture du grand Mage.

Son mari était impatient; il était chauve aussi et peut-être secrètement jaloux de l'abondante chevelure qu'elle peignait. J'entendis ces mots échangés :

« *Lui*. — Toujours occupée à te coiffer! Moi aussi je pourrais en faire autant. Il me suffirait de retourner quelques années en arrière.

« *Elle* (moqueuse). — Alors dépêche-toi, pour le cas où tu mettrais du temps à revenir... »

Je ne sais ce qu'il décida, si sa magie fut assez forte, car quelques minutes plus tard une voiture entra dans la cour, le conducteur se mettant à leurs ordres et moi me remettant en marche, préoccupé de n'être pas indiscret.

*

Quelle animation sur la place! Et des nouvelles si étranges, si inattendues!

« Vous avez bien tort de perdre votre temps ici », me dit un Mage de ma connaissance qui passait. « C'est un vieil attroupement d'il y a dix ans. Ces nouvelles ne sont étranges que parce qu'elles sont d'un âge déjà révolu. Je vais vous dissiper tous ces gêneurs. » Et, à mon grand ébahissement, ayant fait selon son dire, la place se trouva nette de tous ces gens, si vivants une seconde auparavant et qui disparurent, je puis le dire, le mot à la bouche.

*

On peut embarquer un mort sur un caillou.

Aucune crainte qu'il ne coule, et sa vertu est communiquée aux cailloux, aux pierres et aux métaux, si bien qu'on l'utilise assez irrévérencieusement, me semble-t-il, pour entraîner

avec lui de grandes charges sur les eaux et jus-
qu'à de petites maisons, des fours, des meules;
la construction, si peu importe qu'elle soit
pesante, doit être solide.

*

Il n'est pas absolument rare de rencontrer
un vieillard de six cents ans passés, faisant
d'ailleurs bien mauvaise impression.

Si par malheur ou méchanceté, on le bous-
cule, c'en est trop pour ses forces de réaction,
il tombe en poussière, en une fine et très légère-
ment puante poussière; il ne se maintenait en
vie que par une dernière braise de volonté.
L'étonnement est grand d'en rencontrer un qui
vient de mourir.

Il est vrai que je n'en vis qu'un, à qui on
donnait d'ailleurs quatre cents ans bien sonnés
et je n'arrivai que deux heures après l'accident,
quand ce qu'on ramassa de lui était si embrouillé
et si peu de chose qu'on en eût rempli à peine
une besace, en mettant à part les os du thorax.
Seuls les poumons et le cœur restent assez mous.
Ce supervieillard respire du reste là où per-
sonne ne trouverait de l'air. Mais la digestion,
il y a renoncé depuis longtemps, se contentant
de légers bains alimentaires extérieurs.

*

Certains vous dorment des vingt ans (ainsi ralentis ils prolongent leur vie à l'extrême). D'autres, ce sont de quatre à cinq minutes par semaines. Ça leur suffit amplement. Tel vous donne rendez-vous pour après sa sieste. Que faire? Il y a de quoi y être embarrassé. Car peut-être le temps que vous aurez tourné le coin, ses paupières déjà relevées, il vous attend, ou bien son sommeil durant toujours, c'est seulement votre petit-fils qui pourra recueillir en son temps les paroles qui vous étaient destinées.

Le sommeil, grâce à leur technique savante, peut être remplacé ou par respiration ou par suée.

Si le temps a fraîchi considérablement, rendant une suée impossible, le Mage peut se trouver pris au dépourvu et obligé de céder au sommeil. Dans ce cas, il n'est pas bien fort en magie quoique ce soit arrivé à plus d'un, qui en fut fort marri. L'un me dit par exemple que l'hiver cette année étant venu beaucoup plus tôt que d'habitude, il avait été obligé de succomber au sommeil près de deux heures. Il en était extrêmement mortifié, consolé seulement par le fait que plusieurs de ses collègues avaient dû dormir jusqu'à trois et même quatre heures.

*

Dans le four à chiens on garde l'affection du chien. Sinon la bête morte, perdue son affection. C'est pourquoi avec des larmes de tristesse et aussi quelques simagrées, des femmes destinées du reste souvent à se repentir, confient au chauffeur du four, un chien encore en pleine vie et qui attend sans savoir quoi exactement, confiant malgré son appréhension en l'amitié de sa maîtresse. Mal lui en prend. Le reste est vite fait et ne se décrit pas. Le chien, l'œil humide, cherchant à se retourner, disparaît derrière la porte du four.

*

Les éléphants en vieillissant deviennent très durs d'oreille. En captivité, à la longue, ils n'entendent presque plus rien. On leur confectionne alors ce, dont je ne sais pas plus, qu'ils appellent le tympan de feuilles sèches, et qui leur redonne l'ouïe. Les bruits venant de loin sont les plus amplifiés. Mais, la nuit, il faut enlever aux éléphants leurs nouveaux tympans qui les gênent et les portent aux cauchemars.

Le matin, il s'agit de le leur remettre. Toute une histoire, les vieux éléphants sourds étant tristes et soupçonneux

*

La bave de l'arbre Canapas lui viendrait d'émotion, car c'est dans le plus chaud de la journée, lorsque des trompettes passent, lorsqu'une fanfare se fait entendre, qu'en flots saccadés apparaît à la naissance de grosses branches une étrange sécrétion brune.

Est-ce souffrance? Est-ce joie? Avec une émotion gênée, on contemple cet afflux qui ralentit avec l'éloignement des musiciens pour disparaître avec eux, et l'arbre redevient aussi fermé qu'un coffre.

*

L'achat d'une heure de survie est garanti par les Bons de la confrérie de Tinan. Ce sont des bons qu'on peut acheter; mieux vaut les gagner par ses mérites. Un médecin vous est envoyé, une fois votre bon obtenu, qui étudie vos possibilités. Il s'engage et engage en son nom la confrérie pourvu qu'elle soit avertie dans les vingt-quatre heures du décès, à vous remettre en vie au moins pendant une heure. J'avais fait l'achat d'un tel bon et plus qu'à toute autre chose j'y tenais, et plus que toute autre chose je le regrette. Car comment maintenant espérer jamais le pouvoir faire présenter à temps?

*

Ils n'ont pas, me semble-t-il, le sens de la mécanique.

Peu en conviennent simplement. Ils répondent que c'est antiphilosophique, antimagique, anti-ceci, anticela. L'un d'eux à qui j'expliquais la bicyclette, croyant bien le surprendre, prétendit qu'ils avaient autrefois inventé une bicyclette pour insectes, cadeau qu'on faisait aux enfants qui s'en amusèrent tout un temps. Cela ne valait pas plus, avait-il l'air de dire.

*

La pensée est tout autre chose dans le pays de la magie qu'ici. La pensée vient, se forme, se fait nette, s'en va de même. Je sentais fort bien la différence. Ces espèces de présences éparses, ces idées qui, en Europe, vous traversent la tête continuellement, sans profit pour les autres et pour vous-même, vagues, contradictoires, ces larves là-bas ne se présentent point : ils ont établi le *grand barrage*, lequel entoure leurs pays.

Quelques rares pensées, puissamment véhiculées, de mages et d'ascètes hindous et musulmans, de saints chrétiens et de quelques moribonds aussi, ont seules pu le percer, encore que pendant très peu de temps.

*

S'ils ont besoin d'eau, ils ne laisseront pas un nuage en l'air sans en tirer de la pluie. Je l'ai vu faire plus d'une fois. N'y aurait-il même aucun nuage en vue, pourvu qu'il existe une suffisante humidité dans l'atmosphère, ils vous feront bien vite apparaître un petit nuage, très clair d'abord, presque transparent, qui devient ensuite moins clair, puis moins clair encore, puis blanc, puis d'un blanc lourd et rondelet, enfin gris, et vous le feront alors dégorger son eau sur le pré ou sur le verger qu'ils tenaient à arroser.

*

Je vis un jour un lézard au bord d'un champ qu'il traversait avec quelque peine. Gros comme le bras, il laissa une ornière de près d'un demi-mètre de profondeur, comme s'il avait pesé non quelques livres mais au moins une tonne.

Je m'étonnai. « Ils sont au moins une cinquantaine là-dedans », me dit mon compagnon. « Une cinquantaine de quoi? De lézards? — Non, fit-il, d'hommes et je voudrais bien savoir lesquels », et vite il courut chez les voisins s'enquérir des absents. Qui? Cela seul

l'intriguait et jamais je n'en pus savoir davan-
tage. Par quelle magie et dans quel but invrai-
semblable des gens se fourraient-ils ainsi à
l'étroit dans ce tout petit corps de lézard,
voilà quel était le sujet de mon étonnement
et ne lui parut pas mériter une question, ni
une réponse.

*

Un ours, et c'est la paix.

Voilà qui est vite dit. Ils en sont en tout
cas persuadés, prétendant que les enfants
s'élèvent plus facilement, dès qu'il y a un
ours dans la maison.

*

Le bananier albinos est très, très beau. Ses
grandes feuilles plus grandes que manches
blanches de dominicains et ses bananes comme
de grandes gommes qui pendent sont d'un
blanc étonnant.

Il existe aussi un palmier albinos, plus rare
encore, beaucoup plus rare, qui se cultive dans
les cavernes et ses dattes si douces, excellentes
pour la gorge, sont pour le goût une merveille.
Sa culture demande de grands soins. On ne
saurait en avoir trop. S'il reste seulement un
jour sans arrosage approprié, c'est la fin du
palmier albinos.

Brunissant à la vitesse dont l'haleine s'échappe du poumon, le voilà méconnaissable et qui le lendemain tombe comme loque, et l'on s'étonne que la veille encore, il se soit si bien tenu debout, comme savent faire les palmiers, mieux que tout autre arbre et en pleine adversité.

*

Quand on me parlait d'horizon retiré, de Mages qui savaient vous enlever l'horizon et rien que l'horizon, laissant visible tout le reste, je croyais qu'il s'agissait d'une sorte d'expression verbale, de plaisanterie uniquement dans la langue.

Un jour, en ma présence un Mage retira l'horizon tout autour de moi. Que ce fut magnétisme, suggestion ou autre cause, la soudaine soustraction de l'horizon (j'étais près de la mer dont un instant plus tôt je pouvais apprécier l'immense étendue et les sables de la plage) me causa une angoisse tellement grande que je n'aurais plus osé faire un pas.

Je lui accordai aussitôt que j'étais convaincu, et tout et tout. Une sensation intolérable m'avait envahi, qu'à présent même je n'ose évoquer.

*

Les K... ridiculisent les E..., leurs voisins, en les faisant bâiller, bâiller souvent, souvent, à tout propos, bâiller irrésistiblement.

Petite vengeance d'un affront subi il y a longtemps, affaire, dont comme d'habitude on ne connaît même plus le début.

Mais les K..., rancuniers, n'ayant jamais pardonné aux E..., les font bâiller!

Ce n'est pas bien méchant. Mais qui aime porter le ridicule?

Ces incessants bâillements dont ils ne peuvent se défendre et qui trahissent de façon flagrante et honteusement banale leur infériorité en pouvoir magique, les rend tristes, de plus en plus tristes. Ils n'arrivent pas à prendre le bâillement du bon côté.

Leur honneur, pensent-ils, est là engagé.

*

Ils se font enlever en l'air par un attelage de grands oiseaux de mer, quand ils tiennent à accomplir ou terminer un long voyage maritime, et n'ont pas la force magique de se transporter eux-mêmes « par voie de reconstitution ».

Ces oiseaux, le grand ennui avec eux est qu'ils ne peuvent longtemps se passer de poisson et cherchent à se poser sur l'eau, ce qui n'est point l'affaire du voyageur qui, le derrière trempé, regrette de s'être mis en route.

De poisson en poisson, le voyage s'achève enfin, car, pour ce qui est de la destination, ces oiseaux sont fort obéissants.

Seulement, durant le parcours, ils profitent tant qu'ils peuvent de l'insuffisance magnétique du voyageur dès qu'ils s'en sont bien convaincus.

*

... Il lui casse une armoire sur la tête. Quelle joie, même si le bois n'est pas bon!

Hélas, tout est fini pour la tête, peut-être aussi pour l'armoire.

Tout est fini? Non, pas au pays de la magie, la bataille reprend de plus belle et la joie. A coups de tiroirs, de débris d'armoires, de planches, on peut encore taper sur l'homme qui bientôt se relève et, s'il n'est pas lâche, vous rendra la monnaie de la pièce.

C'est agréable aussi de se battre au sabre. On coupe d'abord l'homme en deux. Mais il se relève menaçant. On lui taille encore une épaule. N'importe, il se redresse. On lui fend la tête, on abat sa tête; s'en prenant à sa taille, on la tranche comme chou, cependant que sans penser à se reposer, on lui enfonce encore une bonne épée dans les tripes. Plaisir de Dieu que d'enfoncer dans le même homme, une, deux, trois, vingt épées, cependant qu'il se débat toujours et, debout quoique fatigué, le front humide d'émotion, vous menace et trouve encore le moyen de vous envoyer une bonne estocade.

Armoire, sabre, épée, inutile de le dire, sont des armoires, des sabres, des épées magiques et aucun mal ne s'ensuit, sauf la fatigue qu'il est difficile d'éviter si l'on s'en donne vraiment à cœur joie.

*

Punition des voleurs, leurs bras durcissent, ne peuvent plus être contractés, ni tournés, ni pliés. Et plus durcissent, et plus durcissent et chair durcit, muscle durcit, artères et veines et le sang durcit. Et durci, le bras sèche, sèche, bras de momie, bras étranger.

Mais il reste attaché. Vingt-quatre heures suffisent et le voleur insoupçonné, croit-il, et savourant l'impunité, sent tout à coup son bras sécher. Déchirante désillusion.

Les bras d'argent sont les bras d'une princesse royale qui vécut il y a des siècles, du nom de Hanamuna.

Elle avait dû voler. Malgré son sang royal elle ne put échapper au châtiment des Mages.

En l'espace peut-être d'une heure de sommeil, ses bras durcirent. En rêve, dit-on, elle se vit des avant-bras d'argent. Elle se réveilla, et avec horreur, les vit au bout de ses bras. Vision atroce. On montre encore son corps embaumé, ses petits avant-bras d'argent au bout. Je les ai vus.

*

« Vous voyez, nous ne pouvons plus nous en approcher : il agite ce fléau autour de lui dès qu'il entend un pas approcher. Il casserait la tête à l'importun qui ouvrirait la cage et serait à sa portée. Voilà plus de quatre ans que cela dure. Un autre se fatiguerait. Lui, non, il est fou. Ce fléau à battre le blé vous a dans les trente kilos; ajoutez la force dont il l'anime...

— Mais je ne vois pas de fléau, m'écriai-je, il ne l'a pas en ce moment, faites vite, emparez-vous de lui...

— Ce fléau est magique. »

J'étais un peu sceptique et m'approchai. A ce moment le prisonnier lança dans ma direction un coup formidable, arrêté seulement par les barreaux de la cage qui tremblèrent et retentirent comme frappés par une masse d'armes.

Je compris que certains aliénés, là-bas, n'en gardaient pas moins leur puissance magique. Cela, il faut le dire, m'étonne encore et peut-être étonnera aussi quelques Messieurs qui se croient au courant de la Folie.

*

Une journée en soi existe et la précédente existe et celle qui précède la précédente, et celle d'avant... et elles sont bien agglutinées, des dizaines ensemble, des trentaines, des années entières, et on n'arrive pas à vivre, *soi*, mais seulement à vivre *la vie*, et l'on est tout étonné.

L'homme du pays de la Magie sait bien cela. Il sait que la journée existe et très forte, très soudée, et qu'il doit faire ce *que la journée ne tient pas à faire*.

Il cherche donc à sortir sa journée du mois. C'est l'attraper qui est difficile. Et ce n'est pas le matin qu'on y arriverait. Mais vers deux heures de l'après-midi, il commence à la faire bouger, vers deux heures, elle bascule, elle bascule; là, il faut être tout à son ·affaire, peser, tenir, lâcher, décharger, convoyer par-dessus.

Enfin, il la *détourne*, la *chevauche*. Il s'en rend maître. Et vite à l'important, vite, obligé qu'il sera — hélas! — à abandonner la journée à l'enclenchement des suivantes au plus tard vers minuit. Mais que faire? C'est là le tribut à l'existence animale.

*

Pourquoi seules les ruines et les plus humbles chaumières touchent-elles et paraissent-elles si humaines, quoiqu'on n'y habiterait sans doute pas sans inconvénient, tandis que les confortables maisons sont toujours de gros corps hostiles et étrangers?

Les Mages semblent avoir répondu à cette question et autrement qu'en mots.

Leur architecture est libre de tout souci d'utilisation.

Personne en ce pays ne va demander aux architectes une construction habitable. Et elle ne le sera pas, la chose est à peu près sûre. Mais on s'y peut promener ou observer du dehors son heureux effet, son air ami ou admirable, enfin y passer des moments envoûtés.

Sur un plateau nu surgira par exemple un rempart altier, qui ne rempare rien, qu'une herbe rare et quelques genêts.

Ailleurs, ne couronnant que le sol de la plaine déserte, une tourelle écroulée (construite « écroulée »). Là, une arche, qui ne vient rien faire, qui n'enjambe que son ombre; plus loin, en plein champ, un petit escalier qui monte seul, confiant, vers le ciel infini.

Telles sont leurs constructions. Pour ce qui est d'habiter, ils le font sous terre dans des logements sans prétention, à multitude d'arrondis.

Ayant montré des croquis, des photographies de nos immeubles à des Mages, ils demeurèrent confondus. « Pourquoi si laids? Pourquoi? » Chose plus étonnante, ils étaient frappés aussitôt de leur caractère d'inhabitabilité psychique, de brutalité inhumaine et d'inconscience.

« Même des porcs y seraient malheureux, disaient-ils.

« ...et vous n'êtes pas protégés non plus là-dedans, ajoutaient-ils, et vous n'êtes pas non plus... » Je n'entendis pas la suite car ils finirent par un irrésistible rire général.

La vie sous terre les a orientés tout autrement que nous.

La lumière froide (et sans fumée) est de leur invention — si c'est de l'invention que d'avoir trouvé ce qu'une vingtaine d'insectes ont trouvé et autant de poissons. Nos archéologues disputeront plus tard si l'invention de la lumière fut antérieure, ou le goût de l'habitation cachée, ou encore la recherche d'un lieu sûr pour l'exercice de la magie. Les Mages ne répondent pas à ce genre de questions.

Leur exquise lumière froide dégoûte des autres.

Rien du débordant, excessif et brutal soleil qui jette le chaud et le clair à la fois sans compter l'infra-rouge et l'ultra-violet. Rien non plus de nos misérables et pourtant brûlantes bougies, lampes, rampes ou tubes au néon.

En leurs souterrains, une clarté rigoureusement clarté, règne, douce à l'œil comme est doux le lait au corps de l'enfant, lumière qu'on aurait envie d'appeler d' « époque classique ». Elle satisfait, jamais ne lasse l'œil et fait reculer les ombres du sommeil.

*

Ils élèvent les nains dans des barriques.

« De toute manière, disent-ils, les nains exécreront le monde.

« Ou donc les tuer, ou former une barrique de colère. Là est tout le problème.

« Nous préférons souvent la mort. Quelques barriques de force aussi parfois sont nécessaires, vous comprenez... »

*

Visages-canons!

Visages toujours braqués, visages toujours tonnants.

Éviter ceux qui ont le visage-canon.

Quand même ils le voudraient, ils ne pourraient pas ne pas vous canonner au passage et, le soir venu, après quelques heures d'entretien en apparence banal et sans importance, de jeux ou de flânerie, vous vous étonnez d'être si fatigué, si exagérément, si mortellement fatigué.

*

« Le don de l'Arc, qu'en ferais-je? »

Il y avait de la tristesse dans le ton de sa voix, peut-être de l'amertume et de la vieillesse, comme une lampe, oui, comme une lampe qui se retire et je comprenais que j'avais été indiscret.

Et une fois de plus et près de savoir, d'enfin apprendre un des maîtres secrets, la conversation était détournée ou aboutissait à un soupir.

*

Qui donc voulait sa perte?

L'homme à demi vers moi tourné, était debout sur un talus. Il tomba.

Quoiqu'il ne fît guère que de tomber du haut de sa taille, son corps arrivé à terre se trouva entièrement écrasé. Davantage : moulu, en bouillie, comme s'il avait été projeté du haut d'une grande falaise de quatre cents mètres, tandis qu'il avait, dans sa chute, roulé seulement d'un insignifiant petit talus.

*

La parthénothérapie est une des institutions les plus répandues dans le pays.

Les enfants (il y a un marché d'enfants), les adolescentes sur leurs quatorze ans, sont prises comme médicaments. Elles y gardent du reste leur virginité, ne vous y trompez pas, c'est le contact qui compte, encore ne compte-t-il que pour les plus grossiers.

La simple présence proche suffit amplement.

Étant gravement atteint de crise d'étouffe-
ment, j'en louai moi-même une sur les indications
de mon conseiller. Son épaule et la naissance
de sa poitrine exquise, voilà la zone touchée
qui me fit le plus grand bien, et le plus prompt.

Cette fille simple et d'un charme qui allait
loin ne fit durant le traitement que lacer et
délacer une jambière, mais très modestement.

Elle me regardait de temps à autre, puis sa
jambe, ne disant rien, et ses sentiments me
demeurèrent inconnus.

*

Les inconvénients du manque d'harmonie
sont partout, ce pays non excepté.

Certains arrivent à une telle hypersensibilité,
sans garder une force correspondante, que si
une petite bête le voulait sérieusement, j'en-
tends voulait leur faire faire quelque chose, ils
en seraient les victimes et ne pourraient s'en
empêcher, commandés par un insecte insigni-
fiant et méprisable.

Ils le savent et je vous laisse à penser si c'est
une honte et un désespoir pour la personne
ainsi traitée.

J'en vis une conduite par un serpent de
moins de cinquante centimètres de long, trop
absorbée pour en éprouver l'ignominie et l'on

m'a parlé d'une femme fascinée et menée par une araignée.

A la vérité, je ne devine guère où, ni pourquoi.

*

En ce pays où la force magique naturelle est grande, où la ruse et la technique la développent, les délicats et les nerveux doivent prendre des précautions particulières pour garder leur autonomie.

Même des gens importants, des manières de personnages, m'ont dit dans des moments de sincérité, démasquant leur peur : « Est-ce bien moi ? Ne remarquez-vous rien..., rien d'étranger en moi ? » Tant ils ont peur d'être occupés par autrui ou commandés en mannequins par des collègues plus forts.

Quand je leur parlais du Christ et de François d'Assise ou d'autres saints stigmatisés dans la suite, qui perdent le sang de ses mains et de ses pieds les vendredis, ils prenaient un air souvent plus grave, plus atterré et défensif que pieux.

« Comment ! Il est mort depuis deux mille ans, dites-vous, et il vous vampirise toujours ! » Je les voyais peinés pour nous et aussi comme terrorisés.

*

J'ai parlé de l'institution du *marché d'enfants*. Dans la province de Norr existe un marché de parents, auquel sont tenus de se rendre les adultes sans enfants et d'un bonnet inférieur à celui du troisième degré magique.

Là, les enfants choisissent. Les parents peuvent se dérober. Le choix fait par un enfant est simplement noté. Sept refus d'adulte ne seront pas tolérés. C'est un père qui s'ignore, dit-on, et de même pour une femme, sauf que le maximum de refus pour elle tombe à cinq.

Dans la province de Gornoba, on trouve beaucoup plus de pères que de mères. En Caréla, c'est le contraire, les femmes ne s'attachent guère, sauf aux mâles.

Inconvénient, évidemment. Mais mieux vaut un père adoptif qui vous convient, qu'une famille entière naturelle qui ne vous convient pas, tel est leur principe. Ils disent encore volontiers qu'un enfant a rarement besoin d'un père et d'une mère. Il a besoin, suivant son caractère, de l'un *ou* de l'autre.

Que dire de ces usages? Eh bien (et je fais remarquer que je ne suis pas homme à trouver des réussites partout) s'il reste un certain nombre « d'unions » qui tournent mal, il n'en est point d'indifférentes, et il s'y trouve plus que nulle part ailleurs des familles d'une harmonie à faire rêver, qui furent le résultat de passionnantes rencontres un jour de marché et sont devenues une sorte de paradis sur terre. On en est envieux aussitôt, je vous assure.

Le petit de Gornoba a lui-même désigné et « franchi le cercle » pour aller vers son destin. Peut-être dois-je noter que certains enfants m'agaçaient par leur expression irritante de petit monsieur qui a réussi; observation qui s'efface vite au vu du merveilleux assemblage, véritablement prédestiné et tel qu'on sent auprès d'eux sa propre vie ratée, ratée derrière soi, depuis le début, définitivement ratée.

*

Perfidement, sagement, génialement, ils ont mis au point une méthode de chasse singulière.

Ils agissent contre les lions, *en blessant l'âme collective des lions*. Par une voie secrète, ils prennent l'avantage sur les esprits des lions morts, les compriment et gênent leur réincarnation ou bien la pressent exagérément avec des résultats très mauvais pour la santé et la constitution des lions qui là-bas — sauf dans les savanes de l'ouest — sont très dégénérés et paresseux, comme il n'est pas permis aux bêtes de l'être, diminués en taille et en tout et tels qu'un bouc leur tiendra tête.

Aussi ces ennemis de l'homme et des troupeaux, ces bêtes autrefois apocalyptiques par la terreur qu'elles inspiraient, ils les chassent de leur chemin à coups de pied quand ils les rencontrent, et menacent de les abâtardir encore davantage, de les réduire si bas qu'un rat leur fera peur.

Et les lions, comme comprenant l'anathème, se retirent la queue basse et la tête dans les pattes. On en voit qui, comme des misérables, fouillent les ordures ménagères.

*

Il y a longtemps que les bateaux ne sont plus utilisés sauf pour les grandes distances.

S'il s'agit de franchir un fleuve, une barque est prévue pour les infirmes, les enfants, les marchandises. Il y a belle lurette que les hommes en bonne santé se passent de tout cela, franchissant l'abîme et les eaux par force magique.

Fait émouvant : parfois quelque vieillard ou jeune garçon empêtré de bagages ou affaibli de maladie, à qui on fit prendre la barque, las de la lenteur de la manœuvre, à quelques brasses de la rive, n'écoutant que son désir, quitte la barque que le courant retardait et avance à pied sur les eaux.

Oh! surprise, émotion comme je n'en connais guère, cet élan victorieux et si naturel, il semble

More tutors. Ca.

alors que toute la traversée il en était capable,
que seulement il ne voulait pas vexer le batelier,
le priver de son gagne-pain et assurément ce
doit être quelquefois le cas.

*

L'arbre qui bat des branches, je ne l'ai pas
vu mais on m'en a beaucoup parlé. Il ne peut
en battre que les quinze premiers jours du
printemps, après lesquels la souplesse vient à
lui manquer et il demeure indifférent et posé
comme les autres arbres, bourrés comme ils
sont de cellulose et d'autres duretés incom-
patibles avec l'expression et la danse.

*

Ils s'orientent drôlement dans les choses de
métier et d'industrie. Je leur expliquais un jour,
après d'autres de nos inventions, le gréement
qui paraissait les intéresser d'un trois-mâts
barque. Je dessinais soigneusement du mieux
que je pouvais, mâts et vergues, vergue de
grand hunier, de grand perroquet, de cacatois,
puis quand j'en dis plus tard un mot à celui
d'entre mes auditeurs qui s'y était passionné
le plus, je vis qu'il avait compris que les voiles
se hissaient au revolver, je veux dire à balles;
on tirait un coup, par exemple sur la vergue
de cacatois, et la voile se déployait.

Ils mêlaient ainsi involontairement la merveille à la science. J'avais à les en corriger continuellement : « Non! il n'y a pas de coq à faire partir les trains! Non! le rite de l'éclair ne nous est pas indispensable pour allumer nos lampes électriques... » Mais ils s'en allaient doutant encore et cherchant ce que je pouvais bien leur cacher.

*

La paralysie de l'huile. Je ne vois pas d'autre mot. Cette huile, tirée habituellement de l'arachide, s'épaissit quand on le veut, magiquement et résiste à la coulée, devenue retenue plutôt que visqueuse.

On peut l'emporter, la conserver en blocs. On les frotte et alors transpire au dehors ce dont on a besoin, tant qu'on veut, selon le frottis fort ou léger.

Ce secret ne semble pas pouvoir quitter le pays, car quand j'en emportai un ce fut de l'huile qui se retrouva à la place et imprégna et tacha toute une valise.

Il s'agissait d'huile gelée, tout simplement, pense le lecteur. Non.

La différence s'impose. Tout le monde ne connaît pas l'huile gelée, mais de l'eau devenue glace qui n'en a vu?

Eh bien, cela ne ressemble en rien à l'eau

paralysée, qu'ils font de même. Ils arrêtent l'eau, la retiennent, l'empêchent de tomber. Du reste n'ai-je pas déjà touché ce sujet?

L'aspect donc est tout différent. La matière souplement réfrénée dans ses mouvements, loin de présenter cette dureté définitive, cristalline, presque minérale de la glace, se comporte plutôt comme un coussin.

*

Un bandeau sur les yeux.

Ils élèvent certains enfants, un bandeau sur les yeux. Un petit nombre est exercé à retrouver la vue par tous les pores de leurs corps, un plus grand à voir dans une presque totale obscurité.

Certains deviennent d'une telle délicatesse aux rayons lumineux qu'ils ne peuvent sortir de jour que protégés de deux ou trois parasols.

« Les aveugles de jour » sont préférés pour faire des offrandes aux Puissances. Leurs offrandes passent pour être mieux accueillies.

Les animaux les craignent moins et présentent, grâce à cette disposition, le relâchement désirable au sacrifice. Ils peuvent aussi approcher d'un plus grand nombre d'espèces. Toutes néanmoins ne seront pas retenues.

Seules conviennent au sacrifice les *bêtes qui frissonnent au contact de l'eau.*

*

Mariée à un mannequin.

Là, ils observent la loi d'impureté. Les orgies y sont sacrées. L'urine est leur eau (pour se laver). Les rites de la branche lunaire sont seuls observés.

Un usage presque commun est que la jeune fille est mariée à un mannequin. Elle n'aura pas d'autre mari. C'est à ce mannequin qu'elle doit demeurer fidèle.

Trois fois l'an un inconnu d'elle et qui le restera lui fait subir la loi de l'homme, mais sans la toucher, que de l'indispensable, sans se mettre à découvert, fût-ce d'un doigt, fût-ce d'un mot, entièrement enfermé dans un détestable mannequin vêtu de loques et de paille et au masque monstrueux.

Telle est la coutume. Tel est le supplice de la femme. Oh! Comme elle voudrait tromper ce mannequin avec un homme, enfin vu, enfin nu, ou au moins habillé à la façon ordinaire, tout bonnement humaine. Mais c'est interdit.

Ces mannequins deviennent parfois des démons. C'est précisément le but qu'on avait poursuivi. « Sans appétit, pas de démon. » Or ils ont la passion des démons.

Ils emprisonnent aussi dans un but magique les bras d'hommes de la campagne, de cultivateurs vigoureux et simples, espérant qu'il en sortira de la sorte une *Force errante*.

*

Le livre des sommeils du lion.

Ce livre contient toute magie. Il est tenu caché. Les copies que j'en ai vues ne comprenaient que deux chapitres, d'ailleurs faux en plusieurs points.

Sur la porte principale de la ville d'Iniaho, l'on peut voir un fragment du Grand Cycle du Lion. Grande et impressionnante peinture, faite de ce qu'il faut savoir « lire ».

On y voit une Sphère considérable, qui ressemble à la Terre, mais elle présente un goulot fort étroit par où entre le lion qui cette fois n'en mène pas large. Sa queue est tordue douze fois et il semble qu'il aboutisse à une sorte de carafon où il s'endort. Une colombe le réveille. Il veut l'attraper. Elle s'échappe. En maigrissant, il devient serpent et se nourrit de gravier. Plus loin il est attaqué par les eaux, ensuite par les flammes. Il leur fait face.

Ce qui lui pèse le plus, ce sont tous les œufs sur lesquels il doit veiller. Il s'endort pour la deuxième fois, là, près des œufs. Un fleuve coule d'un astre, vers lui. Il se ranime (les œufs sont blancs, la sphère grise, le lion toujours noir).

Il est dans le sixième cercle à présent (il y en a sept, concentriques). Du cinquième cercle un fouet claque. Dès lors le lion reprend sa vraie vie de lion. Pour peu de temps. Le voici qui doit monter à une échelle spiralée. En cette position, il est exposé aux coups d'ailes des oiseaux-chats.

Comme il va atteindre le cinquième cercle, deux vieillards se penchent, tenant un livre. Et le lion s'endort pour la troisième fois.

Les quatre cercles qui comptent, qui donnent la clef des autres se trouvent à l'intérieur de cette ville interdite, mais le premier cercle, clef de tous les autres, n'est pas représenté sauf à qui de droit, dans le sable et aussitôt effacé.

*

Fleuves de feu ou les Jours de la Grande Purification.

Il part ce jour-là de la troisième enceinte de la capitale, ordinairement silencieux, un fleuve de flammes. Très silencieux. Il dévore choses et gens, mais toujours très silencieux. Sur ses rives, tout au plus les légers sifflements d'êtres qui disparaissent dans le néant.

En fourche, des rivières de flammes sortent du fleuve, pour le même ouvrage. Enfin, il essaime des ruisselets qui vont et filent partout insidieusement.

Il y a aussi des feux d'infiltration et les villes souterraines sont atteintes. Les jeunes plantes, les jeunes bêtes, les enfants non. Ils demeurent indemnes. Pour les hommes, les uns, oui, les autres, non.

Il y a surprise. On y voit de très réputés en magie d'une certaine sorte, des Mitres, lutter désespérément, souhaitant vainement ou retrouver la loi du Lion, ou redevenir enfants. Vain combat, ils sont bientôt vaporisés, dissous par les flammes étranges auxquelles résiste sans peine le plus ignare des bébés.

Ce jour a pour nom celui de Jour de la Grande « Purification ». Arrêt brutal au foisonnement des formes brunes de la magie.

*

La géante au lit.

Cette histoire de la géante fera douter bien des gens de la valeur morale des Mages. Qu'ils se méfient pourtant des absurdités qu'ils risquent de se mettre dans l'esprit à ce sujet. Magie a sa vertu ailleurs.

Élevées, formées, développées monstrueusement grâce à leurs procédés, ils ont, en Ofridie, des géantes (une pour neuf villages). Elle vit dans une maison et volontiers au lit, dans le sens le plus abandonné du mot « lit », et dans le pire sens du mot « maison ». Elle y vit fort bien. Quant aux hommes, ils sortent de chez elle franchement épuisés, mais avec quelque chose de souverain, ayant atteint un seuil de satisfaction, qui est presque seuil d'abîme.

Ce grand corps qu'on enjambe, ces bras, cette poitrine qui engloutissent et pourraient aussi bien vous écraser et mettre en pièces donnent pour de bon cette impression de risque et d'aventure dangereuse auprès des femmes dont les hommes se vantent en général à de bien légers frais.

Ces géantes sans doute sont débonnaires, mais leur humeur est changeante, leurs nerfs faibles. Facilement vexées, voyant rouge, sûres d'ailleurs de l'impunité, elles vous arrachent dans un moment de cafard, elles vous arrachent la tête sans barguigner comme à un jeune hareng... et adieu longue vie.

*

Les Mages haïssent nos pensées en pétarade. Ils aiment demeurer centrés sur un objet de méditation. Ces objets sont au plus intime, au plus épais, au plus magique du monde.

Les premiers, non les principaux, sont au nombre de douze, savoir :

Les primordiaux crépusculaires.

La chaîne molle et le nombre nébuleux.

Le chaos nourri par l'échelle.

L'espace poisson et l'espace océan.

Le trapèze incalculable.

Le chariot de nerfs.

L'ogre éthérique.

Le rayon de paille.

Le scorpion-limite et le scorpion complet.

L'esprit des astres mourants.

Les seigneurs du cercle.

La réincarnation d'office.

Sans ces élémentaires notions de base pas de communication véritable avec les gens de ce pays.

*

En l'an 493 de la troisième siriade de leur ère, la ville d'Oboar qui est la deuxième en importance, un grand hurlement l'entoura. D'emblée il fut démesuré. Le vent ne l'expliquait pas entièrement.

Ce qu'il y avait d'angoissant et pour affoler dans ce bruit était que soudain il se ralentissait et cessait jusqu'à un silence mortel, au point que la nature ne paraissait plus réelle mais seulement calquée sur elle-même.

Puis comme un obus, revenait le souffle impétueux et le hurlement énorme, paraissant plus énorme encore.

La neuvième heure la terre trembla, d'un tremblement très spécial, local, comme si elle

avait à faire place à... à un être. Quel être? On
eût dit (sans qu'on en vît une écaille) un
immense dragon à longue queue, ou un igua-
nodon à la taille centuplée, qui, avec effort,
traversait en se tordant le plateau sur lequel est
bâtie la ville, pour disparaître enfin dans les
entrailles de la terre.

La foule après son émoi se répandit sur le
sol redevenu tranquille, contemplant avec stu-
peur le creux passage en S de la queue furieuse
du dragon.

Toute maison se trouvant sur son parcours
disparut dans une lave mêlée de sable vitrifié.

Environ le même temps, la ville souterraine
de Yga disparut entièrement. Une grande masse
basaltique l'occupe à présent.

*

Qui aime voir ses secrets découverts? J'étais
souvent poursuivi, attaqué.

Karna, qui me tenait sous sa garde, avait
une lourde tâche.

Il y eut de fréquentes tentatives de m'em-
poisonner. J'avais souvent la main dans le dos,
traversée par les dents d'une fourche. Des
oiseaux trompés donnaient du bec dans mon
oreille. A plusieurs reprises des quartiers de
roche se détachaient de la montagne pour me
tomber dessus, mais toujours Karna arrivait

à temps pour dissiper le maléfice et les redoutables masses tombaient sans consistance à mes pieds comme des mouchoirs.

Mais un jour que, éprouvant une pesante influence, je l'appelais, il ne put à temps me venir en aide. Il marcha pourtant aussitôt dans ma direction et quoiqu'il ne fût qu'à l'autre bout de la chambre, à pas plus de six mètres de distance et qu'il se mît bientôt à courir vers moi et de plus en plus vite, à puissantes foulées et de longues et de longues minutes durant, il ne put arriver jusqu'à moi, ni même sensiblement m'approcher. Devant cette magie adverse, il s'arrêta, se cachant la tête pour méditation ou invocation, demeura ainsi quelque temps, puis d'un pas vif se remit en marche. Cette fois, il approchait, j'ouvrais les bras pour le recevoir, quand un vent cyclonique le chassa de côté vers une porte entr'ouverte. Il s'en arracha et reprit la bonne direction, mais brusquement déporté vers la porte bâillante, il dut retourner en arrière pour prendre un nouvel élan. Une troisième fois il fonça, mais aspiré irrésistiblement comme du blé dans la suceuse automatique d'un grand cargo moderne, il fut enfourné par l'ouverture et disparut. Je ne l'ai jamais revu.

Le jour même je me trouvai, je ne sais comment, rejeté du pays de la Magie.

1941.

Ici, Poddema

PODDEMA-AMA

« C'est combien, les lèvres? »

Mais ma question demeura sans réponse, je faisais erreur, n'étant pas à Nioua, mais à Krioua, où le baiser est gratuit, expressément gratuit, si long soit-il.

Je n'y en ai d'ailleurs jamais vu que de court, simple et bien partagé.

Les étrangers se réjouissent de cet usage.

Les personnes en deuil sont exemptes du service du baiser.

« Voyez, fit-il, un homme tué par ses paroles. »

C'est une de leurs plus remarquables inventions. Aussi ne faut-il parler qu'à bon escient dans la chambre aux mensonges. J'y vis, introduit par surprise et interrogé, un de mes anciens guides de fâcheuse réputation. Je voulus intervenir. « Malheureux, tais-toi donc. » Mais, orgueilleux, il parla, et ses paroles, revenant à lui dûment chargées, le firent tomber à la renverse. Il était mort.

Dès lors, plus besoin de jugement.

*

J'étais à Langalore. Je venais d'arriver.
C'était la première fois. Il y avait beaucoup
de femmes, belles, d'un type magnétisant.

Je les aimai aussitôt. Je les aimai en masse
et la ville reculait, comme une ville qui ne vous
connaît pas. Les hommes de l'éjaculatoire savent
quoi faire dans ce cas, mais cela n'eût pas
concordé avec mon passionné désir de commu-
nion, de communion illimitée.

Dans ce vain transport torturant, je me
tournai, peut-être par association d'idées avec
le mal de la crucifixion, je me tournai vers le mur
(car j'étais dans ma chambre où je me marty-
risais à la fenêtre à contempler les belles Lan-
galoraines qui passaient, légères, insoucieuses).
Je me collai donc, dévêtu, bras en croix, sur
ce mur froid.

Ce qui se passa alors, je voudrais tant le
faire sentir.

Mon transport se fondit en bonheur, un
bonheur fier et harmonieusement infini. Je
tâtais avidement, pour m'en repaître, cette
grande surface froide qui paraissait n'en pas
finir.

Je me débarrassais d'une incroyable tension.

Je me débarrassais d'un intolérable amour
non partagé. Enfin... j'aimais ce mur. Parfaite-

ment! J'étais dans un moment où j'aurais donné n'importe quoi, pourvu que ce fût immense.

Ce don, le mur le reçut mieux qu'une femme ne l'aurait pu. Il y avait en lui quelque chose qui ne pouvait être cerné. De plus il était glacé. Un élan extrême était indispensable pour ne pas subir de répulsion. Si l'on avait de l'élan, il était immensifiant.

Depuis, j'ai touché d'autres murs sans retrouver la même austère réjouissance. Ce mur de Langalore, était-ce vraiment un mur comme un autre?

*

Dans la chambre de détection des crimes à venir, on recherche qui va tuer, qui est sur la pente de tuer.

Le dossier constitué est secret. L'examiné lui-même l'ignore, inconscient des pensées en bourgeon trouvées en lui.

Avant d'entrer dans la chambre des projets secrets, on passe dans la chambre des provocations. L'action de celle-ci facilite l'action de celle-là.

Est décelé comme le plus dangereux l'homme aux pensées élaboratrices d'un seul crime. Il faut le faire arrêter promptement avant qu'il ne puisse agir, tandis que tel autre, chez qui on a trouvé cent crimes en herbe, véritablement papillonnant dans le meurtre, ne présente pratiquement pas de danger, n'arrivant pas à se fixer. Grâce à cette tuerie intérieure même il se maintient dans une heureuse activité jusqu'à un âge avancé.

Aussi le laisse-t-on en paix, se gardant bien de lui jamais communiquer son dossier, car, ou il est à peine conscient de son état, ou il croit innocemment que tout le monde est pareillement tueur.

Non, jamais il ne faut lui révéler son mal qui pourrait lui donner un coup, sans aucun profit en contrepartie, lui enlevant son allure et son entrain qui plaît tellement à ses amis et à sa famille.

*

A Huina, aux premiers signes de vieillesse, les personnes âgées sont rééduquées, comme devenues impropres à sentir le Présent.

Si on les laissait aller, sans méthode, elles seraient avant peu totalement irrééducables.

Elles essaient bien, comme on le pense, par orgueil, de faire l'école buissonnière. Tant pis pour elles. Et même si quelque vieux exhibe un diplôme de rééduqué, obtenu par pitié ou par influence, cette protection ne le couvrira pas impunément. Qu'il vienne à donner, par inadvertance, des preuves de vieillesse, en exprimant l'opinion qu'on lui manque d'égards ou

que les jeunes sont plus futiles que de son temps,
il sera promptement conduit aux chambres
d'oubli. La dernière discussion est close.

Beaucoup, devant cette menace, deviennent
très prudents et, tenant encore plus à la vie
qu'aux égards, consentent à tout, repassent
jusqu'à trois fois les « examens de sensibilité ».
Quand ceux-là sont recalés, c'est pour leur
zèle, pour l'excès de volonté, dont ils témoignent
là malhabilement (cette volonté osseuse des
vieux, source de dureté).

Et le résultat, quand il est favorable? Eh
bien, cela fait des vieux, ma foi, fort aimables,
à l'occasion secourables, se surveillant peut-
être un peu trop.

*

Cinq registres de souffrances. On m'en appli-
qua trois, trop âgé pour subir le quatrième et le
cinquième. A peine me fut-il donné d'entr'aper-
cevoir ces derniers. D'ailleurs ce qui me man-
quait le plus, que pourtant je croyais connaître,
ce furent les malaises, vaste ensemble qu'on
appelle ici « registre de la plaine et des puits ».
Son étude est préliminaire aux autres. Sur les
mille cent quarante on m'en appliqua quatre
cent douze. Je passai des mois dans la chambre
aux malaises.

Sans cette expérience, on est comme en dehors
de l'humanité, indifférent aux voisins, à leur

peine, à leur joie aussi. On reste dur et insen-
sible parmi eux et en somme ridicule.

Aussi une simple mère, non éduquée en
malaises, une mère « brute » est-elle méprisée et
peut-être lui enlèvera-t-on son enfant, tandis
que celles qui auront passé le brevet des neuf
cents, on se les arrache et tout le monde veut
être comme leur fils.

« Vous, allez au moins jusqu'à cinq cents,
me disaient-ils, faites effort. A partir de là vous
aurez avec presque tout le monde le mot juste.
Vos gestes viendront à propos. Votre politesse
ira au cœur. »

Sans imagination des malaises, pas d'huma-
nité. Quand vous ne pouvez aider le souffrant
en fait, à sortir de son mal, vous l'en sortez
au moins un instant et l'en accouchez psychi-
quement.

Mais ne cherchez pas trop tôt la connaissance
des euphories. Trop d'euphories se forment en
cocon, ennemies des autres, et même les appa-
remment irradiées, celle du type santé-bonté,
sont suspectes à Poddema, comme très encom-
brantes pour ceux qui en sont l'objet, qui n'en
tirent aucun bénéfice, au contraire. Et pour-
quoi? Parce qu'avec un peu plus de largeur et
d'extérieur, ce ne sont quand même, avant tout,
que des euphories en cocon.

Il importe que l'euphorie ne soit jamais
poursuivie comme but. Elle doit être connue

comme apaisement, résolution. Tout malaise, toute souffrance qui disparaît, laisse une euphorie *sui generis*. C'est par ce détour qu'il faut la rencontrer.

Les civilisations augmentent trop le « savoir faire ». Qui n'en a pas le don, ni l'adresse, qu'il sache donc plutôt le « savoir sentir ».

Cela est préférable et harmonisera toute la société.

Je dirai ailleurs comment ils augmentèrent, par expériences et traitements, ma connaissance des fatigues. Vraiment, je n'aurais jamais cru qu'il y en eût autant de différentes. Je craignis même d'y passer toute ma vie. On me « situa » aussi une vingtaine d'étouffements, à vrai dire à la limite du supportable, différents humides, et quantité de froids. Leur gamme de frissons aussi est extraordinaire, base d'une vie psychique plus évoluée et presque de la mystique.

Devant les souffrances, je renâclai; je n'en ai pas, je l'avoue, affronté la soixantième partie.

Pas tellement par lâcheté, mais il y a le temps de récupération qui est si considérable (douze, quinze, cinquante fois plus long que celui qui suffit à se remettre des malaises); enfin, leurs tortures sont terribles, et les douleurs fulgurantes que la nature offre dans ses phlegmons, ses angines de poitrine, ses plaies suppurées du genou, ne sont qu'une maigre

unité comparées aux terribles bouquets de souf-
frances qu'ils composent.

On ne me les conseilla du reste pas trop, car
une souffrance dont on ne revient pas entière-
ment pur et apaisé est pire que l'insensibilité
et produit une inhumanité plus attaquante,
véritablement scorpionile.

Les euphories supérieures — enthousiasmes
et sentiments de grandeur — sont traitées aussi,
mais toujours en relation avec le triomphe sur
les souffrances.

*

Les candidats au diplôme de sensibilité circu-
laire, ce n'est pas au théâtre qu'on les mène,
mais dans la rue, dans des endroits où subsiste
la misère, ou dans des lieux, au contraire, où
résident le bonheur et la monotonie d'existence
sans haut ni bas et où il semble qu'il n'y ait
rien à sentir. Voilà où on les mène.

L'épreuve n'est pas facile, même si le sort
heureux offre des passants simples et intéres-
sants à première vue. Il faut sentir vite, accro-
cher l'un, lâcher le crochet tout aussi vite au
profit d'un autre plus important à connaître
qui passe en rasant les murs. Si l'étudiant ne
voit que les gens tout en dehors, en bouffées de
malheur, s'il n'accroche pas les pétrifiés en
eux-mêmes, qu'un vieux sentiment encapsula
il y a vingt ans et dont ils ne peuvent plus se

débarrasser, mauvaise note pour le candidat,
mauvaise note, et on observe son visage comme
une main qui prend, qui ne prend pas, qui donne,
qui ne donne pas... qui donne peu.

*

Chambre des halos.

Une plaque. L'homme qui passe devant doit
laisser un halo grand ou petit, suivant son
importance grande ou petite.

Déjà, un enfant de cinq ans laisse apparaître
un halo sensible.

Moi, je ne pus en faire apparaître un. C'est
comme si j'avais été absent. Confus, je m'en
allai en méditant vaguement un retour plus
heureux qui jamais ne se produisit. Jamais
rien ne venait sur cette plaque, moi devant.
Je m'en allais, abattu, promenant partout la
conscience fâcheuse d'un homme sans halo, qui
se sait sans halo. Car, quelle consolation offrir
à quelqu'un qui a pris conscience qu'il n'appa-
raît pas?

Impression qui conduit immanquablement au
suicide. Je quittai donc le pays d'Addema pour
celui d'Arridema, où personne n'a souci de halo
ni d'apparaître devant une plaque-juge et où
la chambre au souvenir affligeant est inutilisée
et quasiment inconnue.

*

A Arridema, avantage sans pareil, il y a le confort de maisons sobres, mais extraordinaires, mais musicales.

Chaque maison est ménagée dans un trou du rocher profond et étroit, sorte d'étui. La journée terminée, ils laissent tomber par le milieu du plafond, ouvert à cet effet, à un endroit calculé, une goutte, puis une autre goutte, puis encore une nouvelle goutte, indéfiniment des gouttes dans une petite pièce isolée et fermée hermétiquement, le trou au plafond excepté.

Les gouttes tombant ainsi produisent, par la compression de l'air ou par quelque autre cause, un bruit céleste, cristallin.

Cette flûte enchantée, je veux dire cette pièce close, je veux dire aussi la chambre voisine, je veux dire toute la maison envahie de la vibration miraculeuse et contenue, ébranle l'être, qui dérive, perdu, dans une ébriété sonore.

Ce bruit continu, mais non sans hauts et bas, va (pour l'intensité) depuis le murmure plaintif du vent dans les roseaux jusqu'au ronflement formidable des vagues en coup de bélier qui entrent tout à coup dans une grotte demi-sous-marine et s'y heurtent désordonnément, masse sonore, infime ou énorme, mais toujours céleste et cristalline, et dans ce bruit radieux et unique, où pourtant l'on croit en entendre mille, la maison s'endort.

Ce que cette musique est pour les Arridemaïs est indicible. Elle est leur père et leur mère; leur berceau.

*

A Darridema (c'est là qu'ils sont le plus connaisseurs et le plus entreprenants en choses de la nature vivante), à Darridema, on ne fait plus que quatre espèces de femmes, les « trente-sept » autres ayant été rejetées comme impropres au bonheur des hommes, sans toutefois les faire disparaître entièrement.

Cinq en effet ont été gardées, excellentes pour la propagation de l'espèce, toutefois tenues à part, comme fastidieuses. Trois sont réservées pour l'éducation. Des autres, mais pas de toutes, on garde quelques spécimens. Ce sont des formes-reliques. On en a d'ailleurs perdu quelques-unes, et définitivement, par suite du désintérêt général.

Des types d'hommes, si on a supprimé quelques-uns d'humeur martienne, on en a gardé bon nombre, et ce nombre on l'augmente sans cesse.

A cela ils disent qu'il y a avantage.

*

Je vis à Hanadar l'aimée universelle, c'est-à-dire de la catégorie AA appelée parfois la zéro-zéro. Tout le monde l'aime, tous les types d'hommes (sauf trois, les trois du cactus) et elle-même est prête à les aimer, de quelque catégorie qu'ils soient. Elle a été ainsi conçue qu'elle ne suscite pas de jalousie, et il y en a un nombre très suffisant.

Je la vis et j'en vis beaucoup et toutes extrêmement attirantes, et je compris mieux à ce moment ce qui m'était arrivé à Langalore quand, malheureux, passionné par toutes, ou si l'on veut par chacune, je me tenais tout vibrant à la fenêtre, les regardant. C'était pour la plupart des « aimées universelles ».

*

Varinai est la province de Darridema où l'on va le plus loin dans l'expérience des naissances. Même il y a plus d'enfants disons semi-artificiels que de ceux que la nature seule et le couple homme-femme a poussés à la lumière du monde. Ce sont des enfants « au pot ».

Le seul centre de Karina alimente en bébés le marché de la province. Le centre de Vidari est un centre de vingt mille pots. On invite les habitants à participer aux frais. On invite les hommes à faire acte de père « au pot ». Je n'en dirai pas tous les détails, ce sont là d'autres mœurs qui pourraient étonner, mais enfin ce

qu'on leur tire de plus clair, après un petit
peu d'indispensable, c'est encore de l'argent.

Moi-même je fus invité à prendre part à la
prospérité (par naissances) de la nation qui
m'offrait l'hospitalité. Comment refuser?

Je me présentai donc au centre d'Oklaha,
un peu ému. Des embarras d'argent s'ajoutaient
à des embarras de timidité. On m'apprit qu'il
fallait subvenir pendant cinq ans aux frais
d'entretien du futur « bébé au pot ».

J'hésitais, et pourtant je voulais un enfant.
Tout l'exigeait.

« Faites un sourd, me dit le préposé, c'est
tellement moins cher!

— Comment? Que voulez-vous dire?

— Mais oui, me répondit-il posément, c'est
trois cent soixante baksc de différence à qui
commande et « entreprend » un bébé sans oreille[1]
(et sans l'ouïe), à cause de la grande difficulté
pour nous en moins. »

J'étais confondu!

« Ainsi donc, ruminais-je, il y a des hommes
qui prennent sur eux de mettre au monde un
être qui sera infirme toute sa vie, sachant qu'il
le sera, et nonobstant il le fait et donne sans
perdre sa tranquillité l'ordre fatal. »

---

1. Il semble que le mécanisme de l'ouïe ne soit pas
encore parfaitement au point. Les enfants au pot les plus
richement conformés ne vous entendent qu'avec des cré-
pitements. Ils sursautent au moindre bruit.

J'étais confondu!

« Chez nous, cela n'arriverait pas, me dit un Napoderrairi indigné. Nos lois s'y opposeraient. Ce n'est pas que nous ne fermions pas les yeux sur certaines choses. Du moins, nous ne faisons pas d'infirmes ouvertement. Il y aurait grand risque à ce faire, je vous assure. »

PODDEMA-NARA

Leur moyen âge fut terrible.

On n'obtenait plus de remords que par les gaz. Des rayons délétères entravaient la croissance des corps.

A Kannaverrina, les hommes se ridaient prématurément quand ils n'étaient encore que garçonnets.

On observa même des signes de démence chez les mouches. Les singes de jardin étaient devenus si dégénérés qu'ils se livraient à l'infestation parasitaire. C'est encore ce qu'ils avaient de mieux à faire, quoiqu'ils ne fussent jamais à la hauteur de leur genre de vie. On en écrasait facilement une dizaine d'un revers de main.

L'air était bizarre et lourd. On voyait les oiseaux voler bas, avec peine, dans le ciel fumeux, le bord des ailes frangé d'étincelles.

*

De cette interminable période empoisonnée, de cette longue épreuve, il reste à Poddema de nombreuses traces de faiblesse.

Elles se mêlent bizarrement, sans qu'on puisse deviner leur origine, à celle des Poddemaïs au pot, d'une extrême fragilité, si bien qu'on ne peut souvent décider si l'on a affaire aux uns ou aux autres.

*

A Inridi, ils perdent très tôt leurs dents, si bien qu'ils doivent faire mastiquer leurs aliments par des chiens domestiqués à cet effet. Les gros mangeurs songèrent même à domestiquer le lion pour cet usage, mais cet animal, d'ailleurs fort paresseux, ne se laisse pas aisément, dans les choses du manger, distraire de ses besoins, ni par conséquent éduquer. Il a son bon sens pour lui.

*

A Fidouri, ils s'évanouissent facilement et cet évanouissement dure longtemps. Très longtemps. Des semaines. Il ne faut pas pour cela les laisser hors du monde des vivants.

Certains professeurs, spécialistes pour évanouis, entrent en relation avec ces absents et les instruisent.

Aussi en a-t-on vus d'auparavant ignares qui, après un évanouissement de moins de huit mois (car on apprend beaucoup plus facilement qu'éveillé, surtout pour les matières de pure mémoire), se sont éveillés savants et ont d'ailleurs été à leur tour nommés professeurs.

Tout au plus leur manque-t-il — comment dire? une sorte d'expérience de la difficulté à apprendre. Cette restriction du seul point de vue de l'enseignement qu'ils sont appelés à donner.

Car pour ce qui est du savoir, comment serait-il plus beau qu'ainsi, cristallin, et comme le cadeau des dieux?

*

A Kidori, leur goût est parfaitement perverti. On leur voit dans la bouche des os, comme s'ils étaient des hyènes, des os qu'ils croquent, recroquent et s'efforcent de croquer encore, couverts de morceaux de tendons verdâtres et à demi pourris.

*

Les yeux noisette.

Cette marque, cette couleur de l'iris, ils l'ont observée, est signe de mort. Pour l'homme, elle n'est qu'un demi-mal, l'avertissement du « nidi ».

Mais la femme, si elle conçoit, son fils ne vivra pas au delà de neuf ou dix ans (alors est-ce la peine?) et sa fille quelques jours seu-

lement. Elle-même pas au delà de la trente-
deuxième année.

Aussi les femmes aux yeux noisette, quoique
charmantes, particulièrement charmantes et
peut-être plus désirables que toute autre, fines
et incessamment affinées par le chagrin qui les
mine et les rend si sensibles, sont regardées par
les leurs qui aiment les enfants comme une
sorte de capital perdu.

Elles peuvent servir de sœur aînée à l'occa-
sion et se rendre utiles. N'importe, de durs jours
les attendent.

*

A Biliouli, ils sont timides. A Liliouli, ils ne
le sont pas moins. Leur capitale est bâtie face
à une grande montagne, à un grand pic. Ce
pic est anonyme. Ils n'osent donner de nom aux
pics. Ils n'osent donner de nom aux montagnes.

Ils en accordent aux rivières et, parfois, aux
petits fleuves. Pas aux grands. Pensez donc.
L'insolence que ce serait. Il n'en est question
qu'à travers d'ambiguës allusions où pas un
fleuve, serait-il dieu, ne se retrouverait et en
tout cas ne trouverait à se fâcher.

Ils donnent, par contre, sans hésiter des noms
aux ruisseaux. Et à eux-mêmes, direz-vous?
Que non, pas toujours et pas avant d'avoir
atteint l'âge d'adulte.

Aux grandes unités en général point de noms. Ils ont peur en les nommant de leur donner trop d'existence.

Aussi avais-je toutes les peines du monde à m'orienter. Et s'il y avait un nom, même lointainement allusif et bien peu propre à faire retrouver la chose ou le lieu, ils craignaient encore de me le faire connaître, par peur de lui conférer une soudaine nouvelle importance.

Je me plaisais parmi eux...

*

Les Olioulalious sont peut-être encore plus timides. En fait, ils sont tellement timides qu'ils osent à peine lever les yeux sur les êtres animés.

Si bien qu'ils ne savent presque rien ni les uns des autres ni de la nature, n'ayant jamais le temps et l'audace d'observer et, l'habitude étant prise, même une fleur qui bouge au vent, ils ont le réflexe d'en écarter les regards et de s'en écarter eux-mêmes.

Ils sont pour cette raison extrêmement ignorants et près de paraître bêtes. C'est la timidité. Ce n'est rien que la timidité.

*

A Kendori, ils sont extrêmement impressionnables. Il n'y a qu'à faire du bruit, ils n'arrivent plus à parler, du moins ils n'arrivent plus à se faire entendre. Qu'un bruit quelconque s'élève, c'en est fini de leur conversation. Après quelques efforts qui paraissent pénibles, ils l'abandonnent et se taisent, fatigués, penauds, au regret d'avoir à se taire.

Que le bruit soit un ronronnement, un crépitement, une pétarade, un grincement ou le résultat de cahots ou de coups frappés ou un ensemble confus de murmures, le résultat est le même. Et voici, me semble-t-il, l'explication : luttant contre le bruit étouffant, ils renforcent leur articulation (ce qu'on leur voit faire) mais laissent inconsciemment leur voix s'éteindre. Et bientôt leur articulation, un instant accrue, disparaît à son tour.

Car, quittant leur voix d'homme, ils se laissent absorber sans s'en douter par le mugissement ou les bruits non humains, s'y abandonnent, s'y effacent et n'ont plus de la sorte qu'un souffle pour se faire entendre, que naturellement on n'entend pas. Fascinés par des bruits!

Aussi dans leurs grands chariots en commun, où le bruit des roues sur le sol argileux est pourtant peu considérable, n'est-ce pas la peine de leur poser une question. Leur réponse serait si faible et expirante, d'ailleurs semblable en petit au roulement du chariot, qu'à peine vous entendriez qu'il y a parole et réponse. Le bruit des roues les domine, les transforme.

*

A Dinari, qui est tout près, on ne peut contrarier quelqu'un sans qu'il ne tombe malade, sans qu'une grippe maligne ne s'empare de lui. Et il peut lui arriver de mourir pour un rendez-vous auquel vous avez manqué de vous rendre et qui lui a fait remettre en question s'il est vraiment celui qu'il croit être ou non. Profitant de ce moment de suspens, la maladie toujours prête, la maladie comme une main ouverte rencontrant une mouche rêveuse, indécise sur le coin d'une table, s'en empare prestement, la maladie ainsi l'attrape, faisant basculer les forces hésitantes, et tout son être après une courte fièvre cède et se retire dans le néant.

*

A Kanira, les habitants déjà si faibles et impressionnables s'adonnent à une ivresse que donne une plante appelée Kitou dont la graine a une action féminisante et si un garçon en use longtemps, pendant un an par exemple, il prend petit à petit un aspect féminin. S'il continue, eh bien! ce sera en peu de temps de plus, un propre à rien qui va s'émouvoir de tout, tantôt homme, tantôt femme, et qu'une meule même troublera. Mais il est heureux ainsi et se nourrit de ce trouble qui l'enchante. Ce troublé en attire d'autres. Ils s'enchantent ensemble, et une herbe qui penche sous le souffle de la brise leur peut briser le cœur. Ils ne vivent pas vieux.

*

Il y a, dans les forêts proches de Banihata, une espèce de gorilles. Ce qu'il y a de bizarre et qui les éloigne des gorilles ordinaires, c'est leur extrême impressionnabilité. Eux aussi? Oui. Et cela donne en effet à penser qu'ils pourraient être quelque chose comme des gorilles au pot (mais pourquoi s'être donné cette peine?). Je crois plutôt qu'il se pourrait qu'ils fussent eux aussi consommateurs de la graine de l'arbre Kitou, espèce que l'on rencontre dans les forêts qu'ils habitent.

Quoi qu'il en soit, voici la chasse au gorille. Les chasseurs se dirigent vers sa retraite, à la fourche de deux branches, où est son refuge grossier, et lâchent vers lui un pigeon apprivoisé qui vient se poser sur son épaule. Le gorille est tellement épouvanté, qu'on le fait bientôt descendre comme un nigaud, soumis comme son pigeon sur l'épaule, et on vous les attrape tous les deux. C'est le bruit des ailes du pigeon volant vers lui qui lui a fait perdre dès l'abord toute son assurance.

On suppose, sans le pouvoir prouver, que ce bruissement, traversant son imagination souvent malade, y soulève des ailes sans fin, des sols qui cèdent et des cieux menaçants.

Enfin, on l'encage.

*

Attaque du lion par puits et galeries.

C'est dire comme cette chasse est longue et prudente et morbide. En effet, on ne peut faire tomber le fauve avant d'avoir creusé sous terre un boyau extrêmement long jusqu'à l'endroit où avec la lionne et ses lionceaux il se tient d'habitude.

C'est pour eux une joie d'autant plus grande, plus exaltante, comme aussi et d'abord une sorte d'allongement de la peur pour y parvenir... et puis enfin arrivés sous le séant du lion.

Il ne s'agit pas de creuser quand l'animal revenu de la chasse est là.

L'aîné des chasseurs doit renseigner ses chercheurs constamment et méthodiquement terrorisés de ce qu'ils vont rencontrer, cependant qu'ils avancent un pieu pointu à la main, avec autant de silence qu'ils peuvent.

Dans cette immense et longue entreprise et où il n'est permis d'émerger à nouveau à la terre que « sous le lion », les cheveux des élèves blanchissent.

C'est une sorte d'école.

*

Le parler des *Oudemaïs*.

Ma veut tout dire dans le sens affirmatif.

Poma veut tout dire dans le sens négatif.

Nagour signifie les impossibilités, les arrêts, les avortements, sans toutefois coïncider avec « non », ni avec une négation pure.

Barahi est une locution adverbiale qu'on peut jeter partout dans la conversation.

Mara, le mot le plus usuel. Il est la marque du code. Qu'on garde le code.

Quel code? Le code du début du chapitre, le code de la contrée où les phrases sont prononcées, ou du village. Parfois le code de la profession, de la classe sociale, de l'étude. Mais en aucun cas le code ne sera nommé. Difficile de le trouver. Si Barahi n'est pas répété ou Mara dans les cas de désignation dites lourdes, il faut se méfier, c'est que le parleur ou l'écrivain se propose une nouvelle orientation ou explication générale, ou qu'elle est en cours *(Amadi Badaho)*.

Le premier *Barahi* peut être dit presque sans se tromper. Il servira psychologiquement pour marquer empressement, confiance, fraternité, quoiqu'il n'ait pas lui-même à proprement parler aucun sens.

Les interjections *daha*, quoique ayant un

sens, sont habituellement jetées dans la conversation sans à-propos apparent. Le sens qu'elles ont, il vaut mieux n'en pas tenir compte. Elles ne sont là d'habitude que comme une joyeuse invitation à être « du groupe ».

La politesse de familiarité exige beaucoup d'interjections. Mais la politesse de déférence les exclut, la marque de surprise (donc de trouble) étant considérée infamante.

Kamlon signifie « n'importe quoi, n'importe comment ». Locution très utile. Destinée à mettre à l'aise. Il est de bon ton, lorsqu'on écoute, de lancer de temps à autre des mots sans signification, des *Balahis*, et des couples de mots immédiatement contradictoires. On peut aussi se taire. C'est permis. Mais c'est une difficulté plus grande pour celui qui parle, qui ne sait plus sur quoi s'appuyer. (J'entends dans le langage cordial, plus étendu que le familier, lui-même plus considérable que la langue « de considération ».)

Par timidité ou par méfiance les Poddémaïs, des contrées de l'ouest et du sud principalement, se sont constitué un langage des plus fuyants.

Fourré de mots de douceur et d'appui et de tout ce qui peut donner confiance, tout à coup le discours se dérobe et renverse tout ce qui a été dit, par l'effet d'un changement de code soudain démasqué et qui s'appliquait — on le devine maintenant — dès le début.

Éviter de vouloir faire comprendre « cousu ».

*

Chatouilleux à l'extrême, que dire maintenant des Poddemaïs au pot, ceux de Kanabelle, les seuls qui usent, mieux même que les naturels, de la langue de considération? On n'ose entreprendre avec eux une conversation vraie.

En général, si vous parlez, que ce soit lentement. Ils attendent en effet votre code, ce que vous exprimez n'ayant pour eux aucun sens définitif tant qu'ils ne pourront le mettre sous le signe de la plaine ou de la cascade, ou sous le signe du pâle soleil d'hiver, ou sous le signe de la cabane ou selon tel ou tel code, provincial ou professionnel, avec l'indication qui les oriente enfin après des minutes, parfois des quarts d'heure anxieux.

Nag s'introduit triomphalement dans le discours. *Nag*, c'est comme un dieu, c'est la force pure, c'est l'aile qui vole, aperçue un instant par-dessus sa tête, c'est aussi la méditation.

Nag bouche *Hag*.

Et qu'est-ce que *Hag*, présent dans presque toutes les phrases?

C'est la syllabe d'incertitude.

*

Ennuis qu'ils ont avec les Poddemaïs au pot.

Déséquilibre. Et le froid arrête les mouvements.

L'enfant ne se développe vraiment que dans les grands mois d'été, surtout au mois d'*Arnac*.

Si celui-ci est pluvieux, il n'y a pas de développement possible avant un an. Il faudra attendre un nouvel été.

*

A Nianoura.

L'espèce humaine y a une première puberté à l'âge de six ans, quand ils sont à leurs premiers mots, d'autant plus charmants. Il arrive qu'à leur tour ces enfants fassent un enfant, quoique ce soit rare. Les voilà bien embarrassés. En effet cette puberté n'était qu'une poussée, et ils redeviennent à huit ou neuf ans aussi complètement enfants qu'auparavant, aussi complètement que n'importe quel enfant de tout autre pays.

Je laisse à penser quelle complication il en sort, quand la vie les dupe et les trahit dès cet âge.

Aussi n'est-il pas rare que plusieurs d'entre eux se tuent de désenchantement, ayant compris la vie. C'est un danger plus grand qu'ailleurs où l'expérience vient plus tard, et les soucis. Il faut les surveiller, ces enfants que les responsabilités tuent.

*

Les Igapanouas.

Ce sont ceux qui demeurent dans le pot nourricier deux ou trois ans sans arriver à en sortir, sans arriver au stade final qui rendra possible l'expulsion du fœtus et l'arrivée à la lumière. Impossible de provoquer la naissance à la fin de la première année. Ce serait les expulser prématurément.

En tout, lenteur extrême. Enfance difficile, interminable.

Le larynx s'est hypertrophié et les chatouille et puis est brûlant.

*

A cause de la pullulation de ces enfants artificiels dont beaucoup sont et demeurent infirmes en quelque manière, il faut prendre des mesures énergiques. Le gouvernement s'en charge. Bien sûr, dans l'honneur! Un certain secret est gardé. Les intéressés l'ignorent. Mais tous ceux qui réfléchissent savent indispensables des mesures violentes, et imminent un certain événement tragique que la fatalité seule n'expliquera pas.

L'administration, comme on pouvait s'y attendre, en sait long sur ce qui se prépare. Je vis à Parga trois semaines à l'avance la circulaire portant l'en-tête : réglementation de la tuerie. Il s'agissait de la prochaine qui devait avoir lieu à la fin de l'année et pour laquelle on avait tout juste le temps de préparation (ou temps d'acheminement : Tabari-Adacura). Il faut naturellement qu'il y ait chaque fois quelques changements dans la mise en scène, et en effet il y en a, mais ça revient toujours au massacre des mêmes.

Cette année à Djingola, la capitale, un U de grande taille fut apporté sur la place des Rois. C'était le signal du massacre qui fut mené rondement. Il ne devait durer qu'un mois, à peine. Il suffirait, m'assura-t-on.

*

Après le cataclysme, une sorte de machine à gémissements gigantesques, comme de mille porcs et de mille vaches mugissantes qu'on égorgerait ensemble, ou bien aussi comme venant d'une vieille drague, qui installée dans un chenal qui s'envase, ramène avec peine dans ses godets rouillés de la saloperie, lentement, en vociférant avec un désespoir surhumain, ainsi une machine à gémissements officiels est installée après le cataclysme et exprime en gueulant la misère terrible ressentie par le peuple.

A une lieue de distance, à davantage parfois

selon le vent, la ville se plaint lugubrement.

Mais après un mois, plus d'autorisation. Assez de désespoir. Il faut que la machine soit démontée.

*

De quelque façon qu'on s'y prenne pour l'incubation, les Poddemaïs au pot restent frileux, sensibles aux changements de température et à la merci d'un froid soudain.

Il est à Poddema des années très froides. Or, par une incurie étrange, les gelées prennent tout le monde au dépourvu. Les installations de chauffage ne fonctionnent pas, le bois vient à manquer, on n'en trouve nulle part.

Les Poddemaïs naturels ne s'en soucient pas autrement, mais les Poddemaïs au pot meurent promptement; en fait, on ne peut plus naturellement.

Les grands centres d'élevage se vident ainsi miraculeusement.

*

Les Poddemaïs au pot se persécutent volontiers les uns les autres, penchant que l'on ne manque pas d'exciter.

Ils ne peuvent se voir sans se haïr, tandis qu'ils jalousent seulement leurs persécuteurs, qui les ont faits ce qu'ils sont.

Aussi les Poddemaïs naturels, seuls à profiter
de leurs guerres, auxquelles ils sont première-
ment intéressés, n'ont jamais durablement aplani
les difficultés entre les Poddemaïs au pot. Quand
tout est perdu, seulement alors, ils arrivent,
l'air de conseillers qu'on n'a pas écoutés.

Cependant, tous les biens des Poddemaïs au
pot ont disparu dans la mêlée.

Quelques Poddemaïs au pot se doutent assu-
rément de ces ruses, mais leur agitation hai-
neuse, et je ne sais quel sentiment d'incomplé-
tude qui augmente à la vue de leurs pareils les
poussent irrésistiblement au lieu de s'unir à
s'entre-attaquer.

*

Les moulins volants de Sora.

Selon leur croyance, qu'on n'a pas manqué
de développer, celui qui perd le souffle de vie
sur l'aile d'un moulin tournant peut retrouver
un des siens dans l'au-delà.

A certaines époques, grande effervescence,
beaucoup se tuent qui eussent été bien gênants,
étant entreprenants et vigoureux. Ces convain-
cus partent se tuer avec une expression d'extase.

*

Les ennuis (ceux qu'ils ont avec les Podde-
maïs au pot) les ont conduits à cultiver des

espèces sédentaires, attachées, apodes, le tronc
dans un bain alimentaire et qui travaillent de
leurs bras.

Certains riches, avec la corruption qui vient
de trop de loisir et de possibilités, n'ont de
Poddemaïs au pot que pour l'ornementation
de leurs demeures et pour leur distraction.

Il faut pour ces Poddemaïs en espalier suivre
des règles précises. Je ne les connais pas toutes.
Leurs bras nombreux ne sont pas également
sains et capables d'une longue vie. A certaines
époques il faut même délibérément en sacrifier,
rabattre un premier bras sur le second, celui-ci
sur le troisième, ainsi de suite jusqu'au neu-
vième, peut-être afin de s'assurer un solide bras
pour la prochaine saison de pousse.

A l'égard des extrémités, c'est surtout la
place que vous avez qui vous règle. Ensuite
le goût de l'harmonie des masses.

La plupart de ces espèces sont canni-
bales. Elles sont heureusement aveugles presque
toutes, faites délibérément aveugles. Même ainsi,
fixées au réservoir nourricier, elles constituent
un danger.

Des malins viennent serrer la main de ces
aveugles. C'est le grand jeu. Ce jeu est fasci-
nant pour les Poddemaïs énervés (ou sportifs).
Il est dangereux.

L'intelligence de ces créatures en partie
immergées est une intelligence sournoise. Un

individu en espalier peut feindre longtemps de n'avoir que peu de force de contraction et se laisser serrer sans résistance ses mains molles, puis sentant une main plus faible dans la sienne, il la serre soudain d'une poigne surhumaine et dure, l'étreint, la broie, l'attire sur lui irrésistiblement, mangeant aussi la face, ou du moins ce qu'il en peut attraper, le nez, les oreilles, les joues elles-mêmes si une intervention ne sauve pas la malheureuse victime. Un bébé, un jeune enfant, il le mangera presque entier... si un heureux hasard le lui laisse. Voilà le risque. Mais les habitants le courent. Il semble pourtant que l'usage soit en voie de disparition. Une certaine honte sans doute. Mais chez les Kanidis cette honte est inconnue. Elle passerait même pour morbide.

*

Les Poddemaïs d'Errimane.

Ils en exploitent les yeux qui sont d'un très beau bleu et qui, convenablement traités, servent d'ornements. Malheureusement, les yeux ne repoussent pas. Ce n'est pas le cas des Poddemaïs hahas. Leurs yeux repoussent jusqu'à trois fois. Aussi en élèvent-ils beaucoup. Malheureusement leurs yeux sont très, très petits et ne sont pas réputés, de loin, à l'égal des yeux des Poddemaïs d'Errimane, qui — hélas! — meurent prématurément.

On tire aussi quelques beaux tissus de leurs cheveux. Mais qu'est-ce qu'un quart de livre de cheveux? Il y a là une situation qui pourrait être améliorée.

*

Pour ces Poddemaïs au pot, quand leur éducation le permet, il y a des bibliothèques consolantes. Les livres qu'elles contiennent ont été composés pour encourager docilité et soumission. Les Poddemaïs au pot en sont, dans leur jeune âge, fort épris et versent rien qu'à y resonger des larmes de douce émotion.

*

On tatoue leur corps demeuré très sensible et qui réagit vivement. Véritables tatouages de feu. Lèvres sanguinolentes que l'on fait venir sur le corps en forme de signes ou d'armoiries.

On y grave aussi de courtes phrases, à l'éloge de la vertu ou... de l'éleveur.

Les Poddemaïs au pot à qui ces tatouages, jamais parfaitement cicatrisés, cuisent, cuisent affreusement, en meurent au bout d'une semaine si on ne leur applique un baume adoucissant, lequel fait disparaître presque entièrement la plaie et par conséquent le tatouage à montrer. Il faut recommencer le mois suivant, si le petit homme est encore assez résistant pour supporter, après la nouvelle opération, au moins un combat.

Sinon, ce serait des soins perdus.

*

A Ridevi, on les laque et on les vernit pour le combat.

A Konnala, l'usage est un peu différent.

On leur injecte un liquide qui les rend cramoisis, afin qu'ils soient plus visibles. Ce liquide d'ailleurs les énerve, les exalte et les élève au-dessus d'eux-mêmes.

Grâce à cette couleur, on les voit de plus loin, ce qui permet de louer un plus grand nombre de places. Véritable cible pour le regard, qui les suit, fasciné.

Ils pratiquent aussi le baiser à mort.

Le prix du spectacle est évalué en frissons. Un frisson simple, trois fouques (le prix d'une journée à l'auberge étant de six à dix fouques, on voit que les spectacles sont chers). Il y a remboursement quand le spectacle n'a pas fourni au moins quatre frissons simples. Les spectacles les plus corsés avec tortures et trahison vont jusqu'au frisson sept du troisième degré.

Au delà, les frissons sont jugés malsains et le spectacle immoral. Il faut alors payer la taxe d'immoralité et louer un local différent.

*

Poddemaïs de cave.

On les y descend afin qu'ils s'y livrent à des embrassements souhaitables et souhaités par eux.

Sinon il n'y aurait pas de rejetons, et d'ailleurs ceux-ci sont rares. Plutôt que rejetons véritables, ils forment une sorte de nouvelle matière première pour l'ensemencement de futurs Poddemaïs au pot.

Génération de sommeil. Les Poddemaïs ne s'y forment pas entiers et indépendants, mais restent dans le liquide générateur, vivant d'une vie de souche ou plutôt d'étang. Après huit ans périt cette éponge et une nouvelle vie d'individu poddemaï surgit, alerte et intelligent.

Habituellement silencieux, apparemment privés par nature du don de la parole, les Poddemaïs de cave ne sont pas muets. Loin de là.

Le hurlement que le nourrisson, dans les affres de la faim, des premières coliques qui brûlent, des dents qui dans des gencives tendres poussent comme des rochers, ce hurlement que le nourrisson jette en un appel éperdu au monde tout autour qui n'a pas l'air de comprendre, le Poddemaï de cave, lui aussi, tout à coup excédé pour de bon, le lance, sa bouche ouverte comme un cratère, écoulant comme il peut le trop-plein de son irrémédiable misère qui doit bien s'avouer, concluant définitivement à la méchanceté du monde qui le possède. Long, lugubre cri qu'il fait entendre et qui de l'un à l'autre gagne des rangs entiers, des caves entières.

A ce bruit tragique, les Poddemaïs de race de maître frémissent d'un je ne sais quoi au tréfonds d'eux-mêmes. Mais ils se dominent et reprennent leur air naturel, attendant patiemment que cesse le hurlement, ce qui ne peut manquer d'arriver, lassitude aidant et impuissance.

*

Pourtant il est arrivé, dans les caves mêmes, des révoltes. Révoltes sans espoir. Révoltes quand même.

Des Poddemaïs au pot sont arrivés à se rendre maîtres des gardiens, de la famille des gardiens, et sur eux, en quelques minutes, se sont vengés d'une vie de longue horreur.

Mais la contre-offensive de l'ordre ne manque pas et les vise avec des armes supérieures, étudiées à cet effet.

On les réduit avec des explosifs puants. Non certes en les tuant; mais la puanteur extrême qui s'en dégage démoralise les révolutionnaires, leur enlève leur élan, sinon leur foi, leur donne le dégoût de tout et les porte seulement à se démêler par suicide des nœuds coulants décidément insupportables de cette vie infecte. Pour des manquements moins graves, la pénalité ordinaire est l'ulcère. On leur injecte de l'Iggeal, qui donne en quelques heures un ulcère rond et net. Ou on leur applique sur la paume la feuille de l'Oggoun. Pour une faute, une feuille. Pour plusieurs, plusieurs ulcères, la dimension de la feuille étant au jugement du gendarme, à moins que le juge ne la détermine, mais là-dessus il est généralement évasif.

Autre pénalité, celle de la lèpre des jambes. Gare s'ils échappent une fois inoculés. Les femelles surtout. Elles ne rêvent que de contaminer les autres, d'entraîner avec elles dans la lèpre tout le peuple si possible des Poddemaïs.

*

En général, les Poddemaïs au pot et demeurés dans le pot doivent être constamment défendus. D'abord des poux et de la vermine qui abondent comme mousse sur un arbre couché.

Il faut encore défendre les Poddemaïs des poules qui adorent les becqueter, surtout quand elles ont eu une première fois l'occasion d'y goûter.

Ces Poddemaïs, pour leur malheur n'étant pas très vifs dans leurs mouvements, sont également, malgré leurs bras et leurs dents, mal défendus des rats.

Les chats les adorent et restent des journées à les regarder, fascinés, sans qu'un oiseau à portée de leurs griffes rapides, sans qu'une souris même leur passant sur la queue puisse les distraire.

Ils ne rêvent que d'arracher des lambeaux aux Poddemaïs en pot, en dépit du danger mortel d'être saisis par un bras puissant, capable de les noyer dans le liquide ou de les étrangler.

Même forts, même défendus, les Poddemaïs souffrent de la présence du chat, leur ennemi, et deviennent neurasthéniques.

Chat et Poddemaï au pot, entre les deux il faut alors choisir.

Les Gussaïs vivent dans leur liquide une vie léthargique, se creusent une excavation dans le sable, s'y couchent, s'y enfoncent tout entiers, la tête exceptée. Il ne faut pas s'y fier.

*

Il n'est pas rare, à Kalafa, qu'un homme hérite de plus de quatre-vingts Poddemaïs au pot, à domicile, tous presque humains et plusieurs sachant travailler.

Les grands centres d'élevage, l'État a la main dessus. Il maintient une grande pression sur tous les Poddemaïs et une énorme sur les Poddemaïs au pot, l'État, c'est-à-dire les membres du Conseil du pot, ou Pères du pot, à qui par leur police peu de chose échappe, encore qu'il y ait dans beaucoup de maisons des élevages secrets, maintenus malgré les risques, soit pour le profit, soit par curiosité, ou par tradition familiale.

Les déclarations des sujets âgés de six ans et de nette appartenance humaine sont exigées.

*

Il règne à certains moments une extrême inquiétude dans le pays, quand siègent les Pères du pot en assemblée générale. Chacun se sent visé. Personne, il ne me semble, ne se sentant tout à fait sûr de sa naissance cent pour cent naturelle. Plus encore, personne ne se sent à l'abri de nouvelles expériences collectives et quoiqu'ils aiment beaucoup les particulières, ils aiment moins celles que la police ordonne et, notamment, sont terrorisés par une sorte de grand magma au pot dont les corps de Poddemaïs naturels ou à peu près naturels seraient les ingrédients habituels et obligés.

Le Conseil du pot, quelle que soit son idée derrière la tête, prend dès maintenant les mesures pour l'assouplissement des volontés.

Ses décisions reviennent toujours à ceci : tuer les dernières fiertés.

*

Ceux qui appartiennent, sans intermédiaire, aux Pères du pot, on leur enfonce (tandis qu'ils sont encore jeunes) un clou dans le crâne.

Un grand clou à deux têtes, une dedans (plus petite), qui se soude au crâne, une grande dehors, dépassant carrément, et qui permettra au Conseil, en tout temps, de reconnaître les siens et de s'en saisir.

*

Après de longues recherches, après avoir cru cent fois à un mauvais renseignement, je rencontrai les géants. J'en eus horreur. Il est bien vrai que leurs formes sont immensément développées, presque autant que celle des baleinoptères, mais on n'arrive pas, semble-t-il, à leur donner une structure à base osseuse suffisante et un influx nerveux assez vif pour raidir dessus leurs énormes plaques musculaires. Si bien qu'ils avancent presque en rampant (quand ils y arrivent). De loin, je crus voir d'abord des arbres couchés et dépouillés de leurs branches. Enfin ces arbres-saucissons bougèrent, lentement, maladroitement, avec peine.

Leurs yeux, de la dimension de billes de billard, sont petits pour leur taille, mais si grands pour la nôtre, si effarés, doux et exagérément navrés qu'ils paraissaient plus des cibles que les appareils d'observation que sont des yeux.

Il semble qu'ils soient maltraités. Leur propre nature les traite assez mal.

On se livre sur eux à des expériences, mais dans des parcs fermés au public. Intransportables, ils sont si mous qu'on a fabriqué pour eux des soutien-géant.

Ce sont des instruments divers en forme de piliers, de pelles géantes, de plaques à brides, de plans inclinés, d'étriers et de fourches pour le maintien des membres qui risqueraient autrement l'asphyxie, la nécrose et la pourriture.

Toute cette flasquerie pend et s'étale comme une boue faite bête.

On voit aussi dans les champs des bœufs à peau ocellée que les panthères n'osent attaquer.

*

La peau des Poddemaïs au pot est souvent ce qu'il y a de plus manqué. Peau trop nue, sans l'ombre de duvet, et devenant au moindre froid comme des muqueuses, d'autres admirables, nacrées, mais qui durcissent avec l'âge, tendant vers la corne ou vers l'ongle, ou légèrement visqueuse.

Il me semble que c'est la peur de cette peau étrangère, qui domine dans les sentiments des dernières familles patriciennes du Conseil des pots.

*

A Nahilli, je voulais un jour aller à leur cinéma que j'aime tant. Ce sont des éclats de lumière, nullement des noirs et des blancs, mais des « chats de feu » comme ils les appellent.

Ces chats de feu diversement formés et placés constituent leurs personnages, sur un fond vide et en quelque sorte infini.

Toutes sortes d'actions peuvent être représentées, mais en plus violent, en plus dense et comme infernalement.

« Non! Non! N'y allez pas aujourd'hui, me dit vivement, mais en confidence, G. qui est membre du Conseil des pots. Ce soir, ce sera une séance à rayons de mort. »

Cela veut dire, comme je l'ai appris, que le rayon qui éclaire et projette l'image du chat de feu tue les spectateurs (rayon très intense, mêlé à cette occasion à quelques ondes particulièrement perçantes et meurtrières, puisque après quelques minutes il n'y a plus un vivant dans la salle).

Je ne sais qui, ce jour-là, étaient les assistants, ou dois-je dire les invités?

*

Leur zèle dans la recherche est grand.

Maintes fois, à ce qu'on m'assure, des spectateurs de la race des ordonnateurs sont entrés dans la chambre aux transformations, où pourtant fréquemment des accidents graves ou la mort même atteignent l'adulte qui s'y expose, entré là dans l'espoir d'une rénovation.

Un obscurcissement de l'ancienne personnalité y est presque fatal. Mais ils s'y livrent sans regret, pour l'exaltant culte de la Métamorphose qui pétrit chairs et terre.

Passion, du reste, qui unit petit à petit Poddemaïs au pot et Poddemaïs naturels, qui les transfigure et leur met aux yeux cet éclat qui fait aux étrangers baisser les leurs. (Et je n'excepte pas certains malheureux au pot, à l'allure de grenouille et qu'on croirait presque au désespoir.)

Quelqu'un, me dira-t-on, a bien dû trouver un jour une espèce nouvelle dont il était satisfait, après quoi il s'est arrêté de créer. Certes, mais pas pour longtemps. La recherche des encore insatisfaits autour de lui excite bientôt le déjà satisfait qui, biffant son œuvre et la retriturant, jettera dans le Monde une nouvelle race, de nouveaux destins, et la Roue incessamment tourne à nouveau entraînée.

Un du Conseil des pots m'a dit : « Ne nous jugez pas : vous avez vu Poddema sous un signe. Elle a vécu sous d'autres. Elle vivra sous d'autres encore. Métamorphose! Métamorphose, qui engloutit et refait des métamorphoses. Chez nous, un moment ouvre un océan de siècles. »

Mars 1946.

AU PAYS DE LA MAGIE

ICI, PODDEMA

ŒUVRES D'HENRI MICHAUX
1899-1984

POTEAUX D'ANGLE, 1981.

CHEMINS CHERCHÉS, CHEMINS PERDUS, TRANS-
GRESSIONS, 1982.

DÉPLACEMENTS, DÉGAGEMENTS, 1985.

AFFRONTEMENTS, 1986.

ŒUVRES COMPLÈTES, Bibliothèque de la Pléiade, 3 vol.,
(1998-2004).

Aux Éditions Flinker

PAIX DANS LES BRISEMENTS, 1959.

VENTS ET POUSSIÈRES, 1962.

Aux Éditions du Mercure de France

L'INFINI TURBULENT, 1957.

À DISTANCE, 1997.

Aux Éditions Skira

ÉMERGENCES, RÉSURGENCES, 1972.

DERNIÈRES PARUTIONS

Ce volume,
le deux cent dixième de la collection Poésie,
a été achevé d'imprimer sur les presses
de CPI Bussière à Saint-Amand (Cher),
le 25 mai 2010.
Dépôt légal : mai 2010.
1ᵉʳ dépôt légal dans la collection : septembre 1986.
Numéro d'imprimeur : 101612/1.
ISBN 978-2-07-032362-3./Imprimé en France.

177560